Projeto LUMIRÁ

LÍNGUA PORTUGUESA 4

Organizadora: Editora Ática S.A.
Obra coletiva concebida pela Editora Ática S.A.
Editora responsável: Heloisa Pimentel

Material de apoio deste volume:

- Caderno de Atividades

editora ática

editora ática

Diretoria editorial
Lidiane Vivaldini Olo
Gerência editorial
Luiz Tonolli
Editoria de Língua Portuguesa
Mirian Sancore de Oliveira Senra
Edição
Francisca Tarciana Morais da Silva e Solange de Oliveira
Gerência de produção editorial
Ricardo de Gan Braga
Arte
Andréa Dellamagna (coord. de criação),
Talita Guedes (progr. visual de capa e miolo),
Leandro Hiroshi Kanno (coord. de arte),
Tomiko Chiyo Suguita (editora de arte) e
Lívia Vitta Ribeiro, Casa de Tipos (diagram.)
Revisão
Hélia de Jesus Gonsaga (ger.),
Rosângela Muricy (coord.),
Ana Curci, Luís Maurício Boa Nova,
Vanessa de Paula Santos e Brenda Morais
e Gabriela Miragaia (estagiárias)
Iconografia
Sílvio Kligin (superv.),
Denise Durand Kremer (coord.),
Karina Tengan (pesquisa),
Cesar Wolf e Fernanda Crevin (tratamento de imagem)
Ilustrações
Estúdio Icarus CI – Criação de Imagem (capa),
Adilson Farias, Andrea Ebert, Bruno Nunes, Estúdio 1 mais 2,
Estúdio Mil, Estúdio Ornitorrinco, Fabiana Shizue,
Filipe Rocha,Gustavo Grazziano, Hagaquezart Estúdio, Pedro
Hamdan, Simone Ziasch (miolo), Estúdio Mil (Caderno de Atividades)
Cartografia
Eric Fuzii e Márcio Souza

Direitos desta edição cedidos à Editora Ática S.A.
Avenida das Nações Unidas, 7221, 3º andar, Setor A
Pinheiros – São Paulo – SP – CEP 05425-902
Tel.: 4003-3061
www.atica.com.br / editora@atica.com.br

Dados Internacionais de Catalogação na Publicação (CIP)
(Câmara Brasileira do Livro, SP, Brasil)

Projeto Lumirá : língua portuguesa : 1º ao 5º ano / obra coletiva da Editora Ática ; editor responsável Heloisa Pimentel . -- 2. ed. -- São Paulo : Ática, 2016. -- (Projeto Lumirá : língua portuguesa)

1. Português (Ensino fundamental) I. Pimentel, Heloisa. II. Série.

16-01316 CDD-372.6

Índice para catálogo sistemático:
1. Português : Ensino fundamental 372.6

2017

ISBN 978 85 08 17880 3 (AL)
ISBN 978 85 08 17881 0 (PR)

Cód. da obra CL 739159

CAE 565 987 (AL) / 565 988 (PR)

2ª edição
4ª impressão

Impressão e acabamento
Bercrom Gráfica e Editora

Elaboração de conteúdo

Karla Fernandes Gordo
Licenciada em Pedagogia pela Universidade Paulista (Unip-SP)
Professora do Ensino Fundamental da rede particular de ensino de São Paulo

Maria Cristina Gomide Giglio
Bacharela em Direito pela Universidade Mackenzie (SP)
Pós-graduada (*lato sensu*) em Psicopedagogia pela Universidade São Marcos (SP)
Professora do Ensino Fundamental da rede particular de ensino de São Paulo

Paula Saretta
Mestra em Psicologia Escolar pela PUC-Campinas (SP)
Doutora em Educação pela Universidade Estadual de Campinas (SP)
Aperfeiçoamento em Orientação à Queixa Escolar pela Universidade de São Paulo
Docente na educação superior e consultora em Psicologia e Educação

Ricardo Gonçalves Barreto
Bacharel e licenciado em Letras pela Universidade Mackenzie (SP)
Mestre e doutor em Letras pela Universidade de São Paulo
Autor de livros didáticos e consultor em Educação

Projeto LUMIRÁ

Este é o seu livro de **Língua Portuguesa do 4º ano**.

Escreva aqui o seu nome:

....

....

Este livro vai ajudar você a investigar o mundo e a descobrir mais sobre o universo da leitura e da escrita.

Bom estudo!

Caro aluno

Você cresceu bastante. Está pronto para aprender mais coisas importantes e enfrentar novos desafios, como:

- ler e escrever com mais desenvoltura, compreendendo melhor diferentes palavras e textos;
- identificar e operar com números cada vez maiores, frações e decimais, e explorar figuras, medidas, tabelas e gráficos;
- compreender melhor o corpo humano, os fenômenos da natureza e a importância da conservação do ambiente;
- conhecer mais do planeta Terra e do Brasil;
- entender a história do Brasil e das pessoas que vivem em nosso país.

O **Projeto Lumirá** vai ajudá-lo com textos, atividades, jogos, ilustrações e fotografias muito interessantes. Você vai continuar aprendendo sempre mais e se divertindo com as novas descobertas.

Bom estudo!

Adilson Farias/Arquivo da editora

COMO É O MEU LIVRO?

Este livro tem quatro Unidades, cada uma delas com três capítulos. No final, na seção **Para saber mais**, há indicações de livros, vídeos e *sites* para complementar seu estudo.

ABERTURA

Você observa a imagem, responde às questões e troca ideias com os colegas e o professor sobre o que vai estudar.

LEITURA E ATIVIDADES

Aqui você vai ler e ouvir diferentes textos. Depois, as atividades de leitura ajudarão você a entender e a aprender mais sobre o que leu e ouviu.

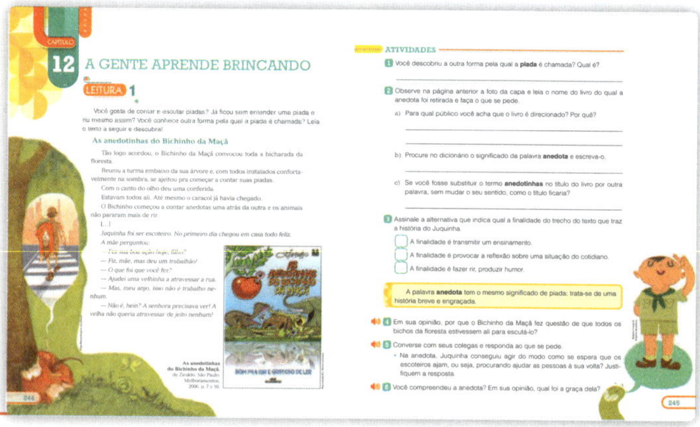

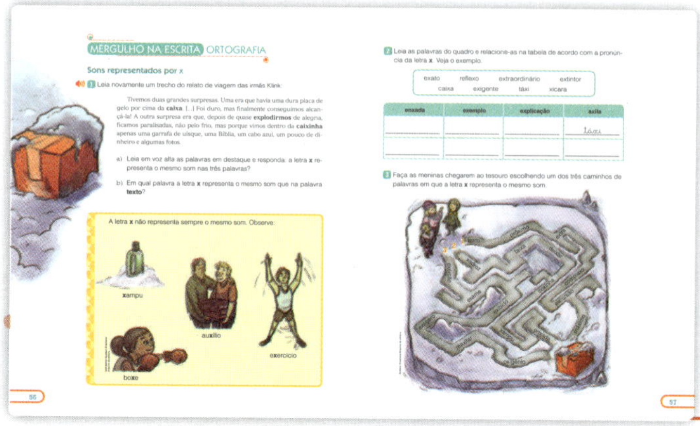

MERGULHO NA ESCRITA

Você vai refletir sobre a escrita, conhecer melhor a língua portuguesa e aprender mais sobre gramática e ortografia.

ÍCONE

Atividade oral

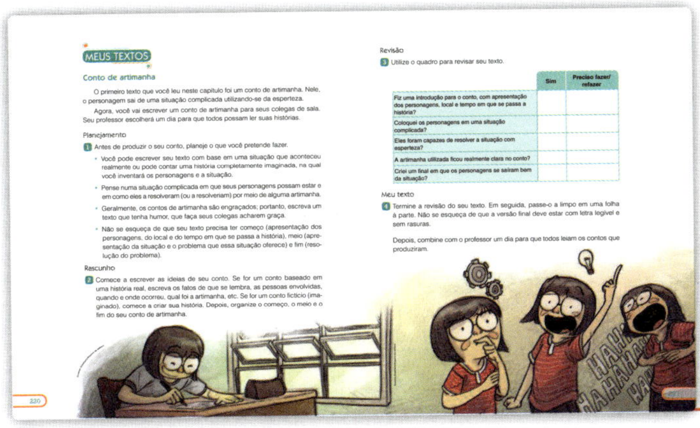

MEUS TEXTOS

Aqui você produzirá seu próprio texto com planejamento, revisão do que escreveu ou conversou e apresentação do texto final.

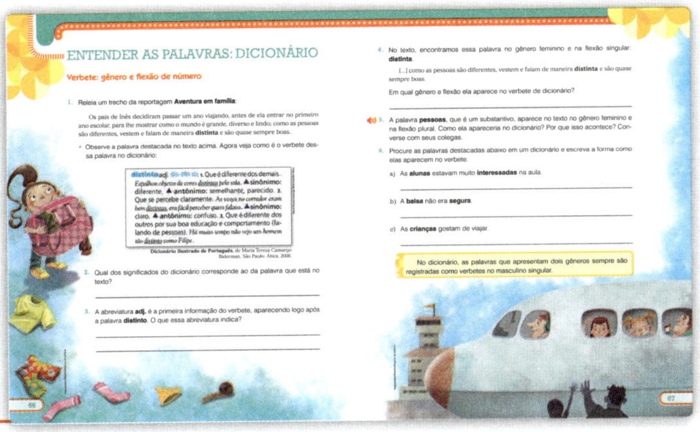

ENTENDER AS PALAVRAS: DICIONÁRIO

Você vai aprender a usar o dicionário e entender melhor como ele funciona.

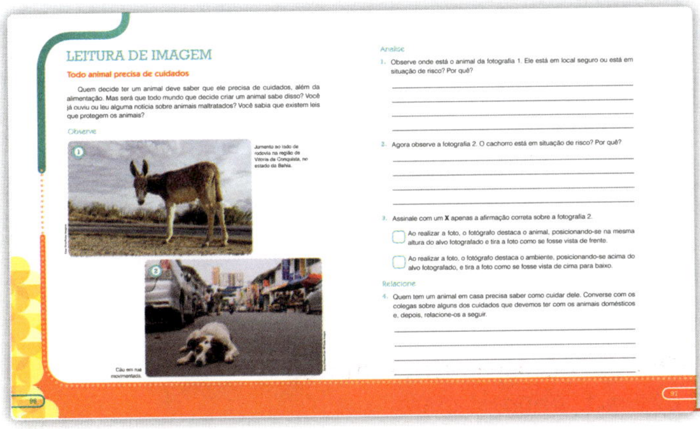

LEITURA DE IMAGEM

Aqui você vai fazer um trabalho com imagens. As fotografias ajudam você a refletir sobre os temas estudados: o que é parecido com seu dia a dia, o que é diferente.

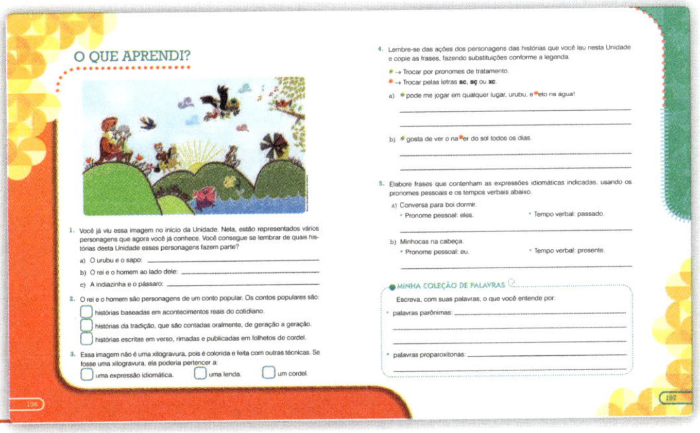

O QUE APRENDI?

Aqui você encontra atividades para pensar no que aprendeu, mostrar o que já sabe e refletir sobre o que precisa melhorar.

SUMÁRIO

UNIDADE 1

UNIDADE 2

UNIDADE 3

CULTURA POPULAR

UNIDADE 4

O VALOR DA VERDADE

UNIDADE 1

MUNDO SEM FRONTEIRAS

Cânion do Xingó, rio São Francisco, Sergipe. Foto de 2009.

- Você conhece esse lugar?
- O que essas pessoas estão fazendo?
- Você gosta de viajar?
- Alguma vez já ficou com vontade de viajar depois de ouvir alguém contar sobre a viagem que fez?
- Quando você viaja ou está longe de casa, como faz para se comunicar com seus amigos e familiares?

Luis Salvatore/Pulsar Imagens

CAPÍTULO 1

VIAJAR É UMA DELÍCIA!

LEITURA 1

Você gosta de viajar? Já conheceu outros estados do Brasil?

Leia a seguir anúncios publicitários de turismo que têm como assunto dois estados brasileiros. Pelas imagens, que características desses estados os anúncios parecem destacar?

Anúncio 1

Agência Link/Emsetur/Governo do Estado de Sergipe

Disponível em: <www.linkpropaganda.com.br/linktrabalhos/encante-se>. Acesso em: 6 jan. 2016.

Fabiana Shizue/Arquivo da editora

SERGIPE: ESTADO ÚNICO,
ATRAÇÕES SEM IGUAL.

Sergipe tem tudo para uma viagem inesquecível.
São praias de água morna, um dos maiores cânions do mundo, trilhas, parques, museus, gastronomia e muito mais.
E o melhor: você conhece todas as atrações, do litoral ao interior, em pouco tempo, em uma mesma viagem.
Faça as malas e deixe Sergipe surpreender você.

Anúncio 2

Conheça paisagens que vão fazer você esquecer da vida ou lembrar como ela pode ser bela.

D/Araújo Comunicação/Santur/Governo do Estado de Santa Catarina

Disponível em: <www.adonline.com.br/rapidinhas/36698-daraujo-divulga-atracoes-catarinenses.html>. Acesso em: 6 jan. 2016.

Descubra um paraíso com 560 quilômetros de litoral, ondas perfeitas para o *surf*, cidades de arquitetura colonial e que todo ano é berçário natural das baleias-francas. Um lugar com uma rica gastronomia, rios para a prática de *rafting*, cachoeiras incríveis e paisagens de tirar o fôlego. Venha para Santa Catarina, o melhor destino turístico do Brasil.

Com base na leitura desses anúncios, para qual dos dois estados você escolheria viajar? Por quê?

Em sua opinião, para que serve um anúncio publicitário?

ATIVIDADES

Ilustrações: Estúdio Mil/ Arquivo da editora

1 Nos dois anúncios publicitários, há **texto verbal** (palavras) e **texto não verbal** (imagens). Os textos verbais ocupam mais ou menos espaço que os não verbais?

____

____

2 Onde esses anúncios devem ser divulgados para atingirem seus objetivos?

3 Os dois anúncios apresentam semelhanças e diferenças entre si.

- Assinale com um **X** quais são as **semelhanças** entre eles.

☐ Os dois anúncios buscam convencer e persuadir as pessoas a conhecer um estado do Brasil.

☐ Ambos apresentam paisagens e fotos da natureza.

☐ Nos dois anúncios há também fotos de prédios e outras construções.

☐ Em relação ao texto verbal, nos dois anúncios aparecem palavras que indicam pedido, ordem, conselho, como **descubra**, **venha** e **faça**.

☐ Nos dois anúncios, o texto verbal é destacado do mesmo modo: aparece em trechos curtos e as palavras são sempre pequenas.

4 No primeiro anúncio, há um trecho que diz o seguinte:

> São praias de água morna, um dos maiores cânions do mundo, trilhas, parques, museus, gastronomia e muito mais.

- Faça uma pesquisa e responda: o que são cânions? Por quais outros nomes um cânion pode ser chamado? Onde há cânions no Brasil? Dê exemplos.

____

____

____

____

____

5 Ainda no anúncio 1 aparece o seguinte trecho:

E o melhor: você conhece todas as atrações, do litoral ao interior, em pouco tempo, em uma mesma viagem.

- Observe o estado do Sergipe no mapa do Nordeste do Brasil ao lado e responda: por que é possível conhecer todas as atrações do litoral ao interior em pouco tempo?

____

____

____

Banco de imagens/Arquivo da editora

Adaptado de: **Atlas geográfico escolar**. Rio de Janeiro: IBGE, 2012. p. 94.

6 O anúncio 2 diz que o litoral de Santa Catarina todo ano é "berçário natural de baleias-francas". O que isso significa? Considere que **franca** é o nome dado a uma espécie de baleia.

____

____

7 Releia o trecho abaixo, do anúncio 2, e converse com seus colegas sobre as questões que aparecem em seguida.

Conheça paisagens que vão fazer você se esquecer da vida ou se lembrar de como ela pode ser bela.

a) O que significa se "esquecer da vida"? A que vida o anúncio está se referindo: ao momento das férias e viagens ou ao momento do trabalho e dos estudos? Explique.

b) Com base nessa frase, o que podemos pressupor a respeito da vida do público-alvo? Onde as pessoas para quem o anúncio é dirigido vivem, como é o seu cotidiano?

Um **anúncio publicitário** é um texto geralmente constituído de imagens (**texto não verbal**) e palavras (**texto verbal**) que recomenda determinado produto ou serviço ao público, procurando convencê-lo e/ou persuadi-lo a consumir o que está sendo apresentado. Ele destaca as qualidades do produto ou serviço, seus benefícios e suas vantagens.

A linguagem dos anúncios publicitários costuma ser simples e direta. Há anúncios feitos para públicos específicos, que relacionam o produto/serviço promovido com as características de certo grupo de pessoas. Existem também anúncios publicitários de ideias, como uma campanha em favor da doação de agasalhos ou contra o desmatamento.

MERGULHO NA ESCRITA GRAMÁTICA

Encontro vocálico: ditongo, hiato e tritongo

1 Aponte a divisão silábica de cada uma das palavras retiradas dos anúncios publicitários de Sergipe e Santa Catarina. Você pode pronunciá-las em voz baixa para facilitar o seu trabalho.

a) praias: ______________________

b) gastronomia: ______________________

c) viagem: ______________________

d) museus: ______________________

e) paraíso: ______________________

f) perfeitas: ______________________

2 Em todas as palavras do exercício anterior há encontros vocálicos (quando uma vogal está ao lado de outra). Entretanto, em algumas palavras elas continuam na mesma sílaba depois que fazemos a divisão silábica e em outras ficam em sílabas diferentes.

a) Em quais dessas palavras existem vogais que aparecem na mesma sílaba?

____

b) Em quais dessas palavras existem vogais que aparecem em sílabas separadas?

____

Os **encontros vocálicos** são encontros de duas ou mais vogais em uma mesma palavra. Se há duas vogais na mesma sílaba, temos um **ditongo** (como em **l<u>ei</u>-te**); se estão em sílabas diferentes, temos um **hiato** (como em **s<u>a</u>-<u>ú</u>-de**). Há ainda os **tritongos**, que ocorrem mais raramente, quando há três vogais em uma mesma sílaba (como em **Pa-ra-g<u>uai</u>**).

3 Observe os encontros vocálicos nas palavras abaixo, retiradas dos anúncios publicitários em estudo.

dei-xe	ba-lei-a	pai-sa-gens	co-lo-ni-al	in-te-ri-or

a) Em quais das palavras acima há hiatos?

____

b) Em quais das palavras acima há ditongos?

____

4 Leia atentamente os nomes dos estados abaixo. Em seguida, separe as sílabas para identificar os encontros vocálicos presentes neles e classifique os encontros como hiatos ou ditongos. Siga o modelo abaixo.

- Piauí: Pi-au-í. Há dois hiatos: i-a; u-í. Há um ditongo: au.
- São Paulo: ______________________________
- Paraíba: ______________________________
- Goiás: ______________________________
- Roraima: ______________________________

5 Nandinha é uma menina de 10 anos que adora Geografia. No último ano, ela ganhou um grande mapa do Brasil para colocar em seu quarto. Ela diz que quer conhecer o país inteiro quando crescer. Abaixo estão algumas das cidades encontradas no mapa pela menina.

- Guairaçá (PR): ______________________________
- Frecheirinha (CE): ______________________________
- Alegria (RS): ______________________________
- Mansidão (BA): ______________________________
- Lagoa dos Patos (MG) ______________________________
- Saudades (SC): ______________________________

Estúdio Mil/Arquivo da editora

a) Circule os encontros vocálicos presentes em cada nome e classifique-os como hiatos, ditongos ou tritongos.

b) Qual dos nomes de cidade acima você achou mais interessante? Qual delas você gostaria de conhecer? Por quê?

MERGULHO NA ESCRITA ORTOGRAFIA

Palavras com c, s, ss e ç

1 Leia atentamente o texto abaixo prestando atenção às palavras destacadas.

Andre Arcenio/Olhar Imagem

Tirolerfest, festa típica de Santa Catarina. Foto de 2014.

Eventos

Divirta-se nas Festas de Outubro e conheça as diferentes faces da cultura catarinense

Durante o mês de outubro **acontecem** 13 festas típicas em Santa Catarina [...]. Os turistas podem aproveitar a curta distância entre a maioria das cidades-sede e se divertir com as músicas e **danças** tradicionais, as apresentações folclóricas e *shows*, além de **saborear** os deliciosos pratos típicos de cada uma **dessas** festividades.

[...]

Disponível em: <http://turismo.sc.gov.br/o-que-fazer/eventos/>. Acesso: em 14 jan. 2016.

- O texto que você leu promove o turismo de eventos em diferentes cidades do estado de Santa Catarina. Na cidade onde você vive também há festas sobre algum tema em especial? Quais são elas?

2 Compare as palavras destacadas no texto. O que as letras **c**, **s**, **ss** e **ç** têm em comum nessas palavras?

____

____

____

3 Agora observe as letras **c** e **s** destacadas nestas palavras, retiradas de outros trechos do texto.

típi**c**as	músi**c**as	delicio**s**os

a) O som representado por essas letras nas palavras acima é idêntico?

b) O som que as letras **c** e **s** representam é o mesmo das palavras da atividade 2?

4 Assinale o grupo de palavras em que as letras **c** e **s** representam o mesmo som.

- [ ] sacola, crise, sério, assoprar, cetim.
- [ ] insanidade, vício, satisfazer, assunto, centro.
- [ ] casamento, cisco, festa, sujeira, assim.
- [ ] visita, sítio, enriquecer, macio, pássaro.

> As letras **ss** e **ç** nunca são usadas em início de palavras.

5 Complete as palavras abaixo com **c**, **s**, **ss** e **ç**. Quando tiver dúvidas, use um dicionário.

a) na_______ional

b) _______ereais

c) bol_______a

d) con_______umo

e) ultrapa_______ar

f) preocupa_______ão

g) pe_______oas

h) a_______eitar

i) _______imento

j) inven_______ões

6 Relacione as afirmações abaixo aos exemplos corretos.

Afirmações:

- [ ] O **ç** é usado apenas com as vogais **a**, **o** e **u**.
- [ ] Nunca se usa **ss** e **ç** no início de palavras.
- [ ] A letra **s** sozinha e no meio de vogais representa o mesmo som que o **z**.
- [ ] A letra **c**, quando está diante de **e** e **i**, representa o mesmo som do **s** em **sapo**.

Exemplos:

a) promessas, projeção, seleção, assinatura.

b) coração, ações e açúcar.

c) notícias, circulação, celebrar, encerramento.

d) oposição, visitante, usado, televisão.

LEITURA 2

Atualmente há várias formas de nos comunicar com quem está distante. Há poucos anos, era bastante comum usar o *e-mail.*

Você sabe o que é *e-mail*? Você tem *e-mail*? Conhece quem tenha? Em que ocasiões e situações mandamos *e-mail*?

Você lerá um trecho do livro **Bia na Europa**, do escritor brasileiro Ricardo Dreguer. Nesse trecho, o autor constrói a história no formato de um *e-mail* que a personagem Bia escreve para o pai dela. Observe a imagem abaixo e tente adivinhar com seus colegas os assuntos do *e-mail* que a menina escreveu.

Fabiana Shizue/Arquivo da editora

NOVA MENSAGEM X

PARA: flavio@arquitetos.com.br

CC:

ASSUNTO: Roma é um museu a céu aberto

Papi,

Tudo bem? A Rute e o Daniel estão bem? Você tem notícias da vovó?

Neste final de semana finalmente passeamos por Roma.

O guia nos disse que a Basílica de São Pedro é a maior igreja católica do mundo. Ela tem uma cúpula enorme, estátuas e colunas gigantes. Visitamos também a Capela Sistina. É uma sala quadrada, sempre cheia de gente olhando para o teto para ver as pinturas feitas por Michelangelo. Apesar da dor no pescoço, valeu a pena!

Uma outra visita emocionante foi ao Coliseu. Por fora ele parece um grande estádio de futebol, mas por dentro é bem diferente. Apesar de estar todo quebrado, dá pra ver as arquibancadas e os locais onde os gladiadores lutavam. A mamãe explicou que muitos gladiadores eram escravizados obrigados a lutar até a morte com outros homens ou com leões.

Vinicius Romanini/Olhar Imagem

Cosmin Sava/Shutterstock/Glow Images

Visitamos também a Fontana de Trevi, uma fonte cheia de estátuas. Lá é costume jogar uma moeda na fonte e fazer um pedido. Eu fiz o meu, mas é segredo...

Hoje, fomos ver um jogo entre os dois principais times de futebol de Roma: a Lazio e a Roma. O jogo foi muito disputado e terminou empatado em dois a dois. O Daniel ia adorar estar aqui!

Estou mandando uma foto da Basílica de São Pedro para você e uma do Coliseu para o Daniel.

Um beijo,

Bia.

INSERIR | RECORTAR | COPIAR | COLAR | DESFAZER | ANEXAR | ENVIAR

Fabiana Shizue/Arquivo da editora

cúpula: parte interna ou externa de teto arredondado.

gladiadores: homens que lutavam com outros homens ou com feras para divertimento do público.

Michelangelo: pintor, escultor e arquiteto nascido em 1475 na Itália. Foi um importante nome do Renascimento, movimento artístico que se caracterizou por grandes transformações culturais, sociais, econômicas e religiosas vividas pela sociedade da época.

Reprodução/Editora Moderna

Bia na Europa, de Ricardo Dreguer. São Paulo: Moderna, 2007. p. 37.

ATIVIDADES

1 Qual é o assunto do *e-mail* que a personagem Bia enviou a seu pai?

____

2 Converse com seus colegas sobre a palavra **museu**: por que Bia teria escolhido essa palavra? O que encontramos em um museu? Que elementos do texto explicariam a escolha dessa palavra?

3 Em sua opinião, o que foi escrito no campo "Assunto" resume bem o conteúdo da mensagem? Por quê?

4 Qual é o endereço de *e-mail* (correio eletrônico) do pai de Bia? Onde aparece essa informação?

____

____

5 Complete o quadro abaixo com as informações do *e-mail* de Bia.

Saudação inicial	Despedida	Assinatura

O ***e-mail*** é uma mensagem eletrônica com alguns campos importantes que precisam ser preenchidos, como: **De:** (quem envia); **Para:** (quem recebe); **Assunto:** (sobre o que trata a mensagem).

No texto da mensagem, em geral, aparecem a saudação inicial, a mensagem, a despedida e a assinatura.

6 Releia o final do *e-mail* enviado por Bia:

Estou mandando uma foto da Basílica de São Pedro para você e uma do Coliseu para o Daniel.

- Em sua opinião, por que ela não escreveu dois *e-mails*: um para o pai e outro para o Daniel?

____

____

7 Relacione as fotografias dos lugares com as descrições correspondentes, conforme o que Bia escreveu no *e-mail*.

Giuliano Del Gatto/Demotix/Corbis/Latinstock

Alessandra Benedetti/Corbis/Latinstock

Photononstop/Agência France-Presse

Ettore Ferrari/Ansa/Corbis/Latinstock

Parece um estádio de futebol. Era o local onde lutavam os gladiadores.

Maior igreja católica do mundo. Possui uma cúpula enorme, estátuas e colunas imensas.

Capela que possui pinturas no teto, feitas pelo artista Michelangelo (1475-1564).

Fonte cheia de estátuas em que as pessoas costumam jogar moedas para fazer um pedido.

8 Veja a data em que foram construídos alguns dos lugares visitados por Bia e responda às questões abaixo.

Alessandra Benedetti/Corbis/Latinstock

A Capela Sistina foi construída de 1473 a 1481.

Demetrio Carrasco/Getty Images

A Basílica de São Pedro foi construída de 1506 a 1626.

Walter Bibikow/Getty Images

A Fontana de Trevi foi construída de 1732 a 1762.

a) Qual é o lugar mais antigo visitado por Bia? ______________________

b) Discuta com seus colegas: na época em que esses monumentos foram construídos era possível enviar *e-mails*? Por quê?

c) Em sua opinião, é importante preservar monumentos históricos como os que foram visitados por Bia? Por quê?

MERGULHO NA ESCRITA GRAMÁTICA

Encontro consonantal

1 Releia um trecho do *e-mail* escrito por Bia. Depois, responda:

Ilustrações: Estúdio Mil/ Arquivo da editora

> Hoje, fomos ver um jogo **entre** os dois **principais** times de futebol de Roma: a Lazio e a Roma. O jogo foi muito **disputado** e **terminou empatado** em dois a dois. O Daniel ia adorar **estar** aqui!

a) Faça um círculo em torno das consoantes que aparecem lado a lado, sem vogal entre elas. Por exemplo: **escrever**.

b) Agora, separe as sílabas dessas palavras.

____

____

c) Em quais palavras as consoantes circuladas continuam juntas na mesma sílaba?

____

d) Em quais palavras as consoantes circuladas ficaram em sílabas diferentes?

____

____

____

> Chama-se **encontro consonantal** a sequência de duas ou mais consoantes em uma mesma palavra. O encontro pode ocorrer na mesma sílaba ou em sílabas diferentes.

2 Observe os encontros consonantais das palavras nas placas a seguir.

Ernesto Reghran/Pulsar Imagens

João Prudente/Pulsar Imagens

Ernesto Reghran/Pulsar Imagens

Cesar Diniz/Pulsar Imagens

- Distribua as palavras que têm encontros consonantais no quadro abaixo.

Encontro consonantal na mesma sílaba	Encontro consonantal em sílabas diferentes

3 Brinque de falar o trava-língua abaixo o mais rápido que puder. Depois, faça o que se pede.

Um prato de trigo para três tigres tristes.

Estúdio Mil/Arquivo da editora

a) Separe as sílabas das palavras que têm encontros consonantais.

____

____

b) Nesse trava-língua, há mais palavras com encontros consonantais na mesma sílaba ou em sílabas diferentes?

____

MEUS TEXTOS

Anúncio publicitário

Neste capítulo você viu anúncios publicitários de dois estados brasileiros. Agora é a sua vez de produzir um anúncio publicitário sobre o seu município para mostrar todo o potencial turístico do lugar em que você mora.

Planejamento

1 Reúna-se com alguns colegas e, em grupo, sigam as etapas abaixo.

- Pensem no que há de mais legal em seu município e que seria interessante para um turista conhecer.
- Reúnam imagens (fotografias ou desenhos) que representem esse lugar e que sejam atraentes.
- Elaborem um texto curto e objetivo sobre o município para convencer o leitor a conhecê-lo.

Rascunho

2 Façam a seleção do texto e das imagens que serão usados no anúncio. Escrevam, em uma folha à parte, um rascunho do anúncio publicitário, indicando onde ficarão as imagens e como será o texto.

Revisão

3 Em grupo, avaliem o esboço do anúncio.

	Sim	Precisamos fazer/refazer
O texto do anúncio publicitário que escrevemos é curto e objetivo?		
O texto está escrito de forma a convencer o leitor a visitar o município?		
Verificamos em um dicionário a escrita das palavras sobre as quais tivemos dúvidas?		
Escolhemos imagens que representam o município e que destacam as principais qualidades dele?		
Usamos imagens que têm relação com o texto?		

Meu texto

Caso seja necessário, façam a revisão do rascunho, decidindo em grupo como o anúncio será finalizado.

Façam a versão final do anúncio publicitário em outra folha ou em uma cartolina e o afixem em um mural da escola com o título **Nosso projeto de turismo**.

Filipe Rocha/Arquivo da editora

ATIVIDADES DO CAPÍTULO

1. Antes de conhecer Roma, a personagem Bia tinha viajado para Barcelona. Leia um trecho do *e-mail* que ela escreveu para o pai sobre essa viagem e responda às questões abaixo.

PARA: flavio@arquitetos.com.br

ASSUNTO: Conhecendo Barcelona

Papi,

Tudo bem por aí?

A viagem de **trem** para **Barcelona** foi legal, apesar do probleminha com a cabine.

Você ia amar Barcelona. A cidade tem um bairro **antigo**, com **igrejas** e palácios parecidos com os de **Portugal**. Mas tem também um bairro novo, com construções muito estranhas, feitas por um arquiteto chamado Gaudí. Vimos um **prédio** com a **fachada** toda **torta** e uma igreja que nunca ficou **pronta**.

Um beijo.

Bia

Estúdio Mil/Arquivo da editora

Bia na Europa, de Ricardo Dreguer. São Paulo: Moderna, 2007. p. 23.

a) Tanto no *e-mail* sobre Roma quanto neste, quais são os elementos que Bia destaca nos lugares visitados? Assinale a resposta correta com um **X**.

Estúdio Mil/Arquivo da editora

- ☐ As paisagens naturais e as características do clima.
- ☐ A gastronomia, ou seja, os pratos típicos.
- ☐ As construções, as obras arquitetônicas.

b) Em quais palavras desse *e-mail* a letra **c** representa o mesmo som que nas palavras **cidadão** e **cebola**?

____

c) Separe as sílabas das palavras em destaque no texto.

____

d) Volte às palavras destacadas no texto. Pinte os encontros consonantais de acordo com o que se pede:

- de os encontros consonantais que estão na mesma sílaba.
- de os encontros consonantais que ficam em sílabas diferentes.

2. Separe as sílabas dos nomes dos países. Depois, indique com um **X** se o nome tem ditongo, tritongo ou hiato.

		ditongo	tritongo	hiato
 Fotogroove/ Shutterstock	Suíça → ____________			
 pdesign/ Shutterstock	Uruguai → ____________			
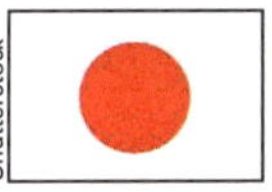 Fotogroove/ Shutterstock	Japão → ____________			
 Fotogroove/ Shutterstock	Noruega → ____________			
 Iakov Filimonov/ Shutterstock/ Glow Images	Ruanda → ____________			

3. Procure em um mapa-múndi o nome dos países abaixo e complete as lacunas com **s**, **c**, **ç** ou **ss**. Depois, responda ao que se pede.

Gré_____ia | Fran_____a | _____enegal | Rú_____ia

a) Leia em voz alta as palavras que você completou. O que as letras **c**, **s**, **ss** e **ç** têm em comum?

____

b) Escolha um dos países das atividades 2 e 3 e escreva uma frase sobre ele.

____

CAPÍTULO 2

QUANDO AS PALAVRAS VIAJAM

LEITURA 1

Antigamente, era muito comum as pessoas escreverem cartas. Hoje, com telefone e internet, isso já não é mais tão frequente. Mas ainda há quem goste de escrever e enviar mensagens em papel e envelope.

Por que você acha que as pessoas ainda escrevem cartas?

Você já escreveu uma carta? Para quem?

Leia a carta que o escritor Joel Rufino dos Santos (1941-2015) escreveu para o filho de 8 anos.

Joel Rufino dos Santos/Ed. Rocco

Andrea Ebert/Arquivo da editora

SP/9/VII/73

Seu Nelson,

Na semana passada não te escrevi porque pensei que você pudesse vir me visitar. Esta semana continuo te esperando. Tomara que você possa vir.

Nadine me contou que você disse: "Não acredito em fantasmas. Isso é conversa do Joel!" Quando é que eu falei em fantasmas? Você sabe que eu também não acredito. Mas às vezes é bom um fantasminha para divertir a gente. Agora, por exemplo. Tem uma mão misteriosa puxando o papel. Eu estou sozinho. Os outros amigos estão jogando futebol. De quem será esta mão puxando? Socorro! *Help! I need somebody helpppppp!*

Andrea Ebert/Arquivo da editora

Seu Nelson. Eu estou com saudades de viajar. Você sabe quais são os lugares do nosso Brasil de que eu mais gosto?

da Bahia

do Rio Grande do Sul

de Pernambuco

e, é claro, acima de todos (a mão do fantasminha outra vez!) do nosso querido Rio de Janeiro. E, dentro do Rio de Janeiro, sabe quais os lugares que eu mais gosto?

de Petrópolis, com sua calma, seu vento, seu céu bem alto e, até, seus cemitérios.

de Botafogo, com suas montanhas azuis.

de Madureira, com seu povo na rua, pra lá e pra cá.

de Muriqui, com sua cachoeira de água fria, seu trem de madeira. E até seus mosquitos.

Mil beijos do teu pai. Você dê beijos em todos os seus amigos. Em especial na Luciana. Todos aqui mandam abraços apertados para você.

Joel

Reprodução/Ed. Rocco

Quando eu voltei, tive uma surpresa, de Joel Rufino dos Santos. Rio de Janeiro: Rocco, 2000. p. 32-33.

Discuta com seus colegas: por que Joel escreveu essa carta para o filho?

ATIVIDADES

1 Qual é o nome do filho de Joel, a quem a carta se destina?

____

2 Indique o local e a data em que a carta foi escrita, escrevendo por extenso o nome da cidade e do mês.

____

3 Observe, na imagem da carta original, que Joel termina o segundo parágrafo escrevendo frases em várias direções. Por que ele faz isso? Converse com seus colegas.

4 Ainda no segundo parágrafo, Joel escreve frases em inglês: "*Help! I need somebody helpppppp!*". Você sabe o que essas frases significam? Por que Joel escreveu em inglês? Levante hipóteses com os colegas e seu professor.

As **cartas pessoais** costumam apresentar os seguintes elementos:

- **local e data**: município de onde o remetente escreve e data em que a carta é escrita;
- **saudação inicial**: cumprimento que, em geral, acompanha o nome do destinatário;
- **destinatário**: pessoa para quem se escreve;
- **mensagem**: corpo do texto, ou seja, informação que queremos transmitir na carta;
- **saudação final/despedida**: mensagem ou frase de despedida;
- **assinatura**: nome ou rubrica do **remetente**, ou seja, da pessoa que escreve a carta.

5 Será que essa é a primeira vez que Joel envia uma carta para Nelson? Copie um trecho da carta lida que possa ajudar a justificar a sua hipótese.

____

____

____

6 Observe ao lado o mapa do Brasil. Nele podemos notar a divisão do país por estados.

- Retome a carta e localize e pinte no mapa do Brasil os estados brasileiros de que Joel mais gosta.

Brasil: divisão política

Adaptado de: **Atlas geográfico escolar**. Rio de Janeiro: IBGE, 2012. p. 94.

7 Volte ao texto e pinte de amarelo a saudação final da carta.

8 Leia:

> A **linguagem informal** é usada entre pessoas que têm ou buscam estabelecer proximidade. Caracteriza-se pelo uso de expressões do dia a dia, expressões de afetividade, uso de gírias, além de outras questões que possam demonstrar ligações mais íntimas entre as pessoas.
>
> A **linguagem formal** é usada entre pessoas que não se conhecem ou têm pouca proximidade. Caracteriza-se pelo uso de expressões que demonstram mais seriedade e distanciamento.

- Para escrever a carta, Joel utilizou principalmente linguagem formal ou informal? Justifique com trechos do texto.

____

____

MERGULHO NA ESCRITA GRAMÁTICA

Fonema e letra

1 Na carta, Joel revela que gosta de "Muriqui, com sua cachoeira de água fria, seu trem de madeira".

a) A palavra **cachoeira** tem quantas letras?

____

b) Discuta com seus colegas: se a palavra **cachoeira** fosse escrita com **x** em vez de **ch**, haveria alguma mudança na pronúncia? E na quantidade de letras?

Frederico dos Santos Almeida/Acervo do fotógrafo

Cachoeira Véu da Noiva, em Muriqui (RJ).

Na fala, as palavras são representadas por **unidades sonoras** chamadas **fonemas**. Na escrita, as **letras** representam graficamente os fonemas.

Nem sempre o número de fonemas corresponde ao número de letras. Veja:

saudade: 7 letras, 7 fonemas
(cada letra representa um som)

socorro: 7 letras, 6 fonemas
(o **r** aparece duas vezes para representar um único som)

montanhas: 9 letras, 7 fonemas
(o **on** representa uma única vogal nasal e o **nh** também representa um único som)

Estúdio Ornitorrinco/Arquivo da editora

2 Leia a frase retirada do texto e escreva o número de fonemas e letras das palavras destacadas.

Mas às vezes é bom um **fantasminha** para divertir a **gente**.

- fantasminha: ☐ letras; ☐ fonemas
- gente: ☐ letras; ☐ fonemas

3 Complete a cruzadinha com as palavras abaixo, que aparecem no texto. Fique atento à quantidade de fonemas das palavras.

cachoeira	mosquitos	vento
papel	lugares	sozinho

1. Cinco fonemas.
2. Oito fonemas.
3. Sete fonemas.
4. Seis fonemas.
5. Quatro fonemas.
6. Oito fonemas.

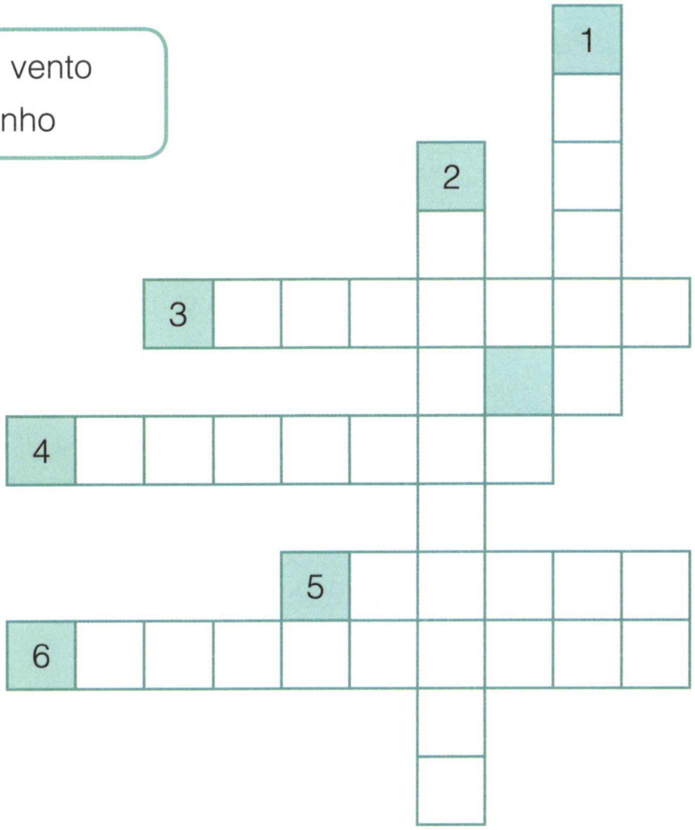

Há palavras em que o número de letras é **menor** que o número de fonemas:
táxi: 4 letras, 5 fonemas
E há palavras em que o número de letras é **maior** que o número de fonemas:
criança: 7 letras, 6 fonemas

4 Agora, escreva o número de letras e fonemas de cada uma das palavras abaixo.

a) hoje: ______________________________

b) acolhesse: ______________________________

c) hóspedes: ______________________________

d) fixo: ______________________________

e) tempo: ______________________________

f) brinquedo: ______________________________

MERGULHO NA ESCRITA ORTOGRAFIA

Palavras com s e z

1 Esta é a capa do livro que reúne as cartas escritas pelo historiador, professor e escritor Joel Rufino dos Santos.

- Releia o título do livro:

Quando eu voltei, tive uma surpresa

Reprodução/Editora Rocco

Quando eu voltei, tive uma surpresa, de Joel Rufino dos Santos. Rio de Janeiro: Rocco, 2000.

a) Encontre no título uma palavra que é escrita com a letra **s**. Escreva-a, fazendo a divisão silábica.

____

b) A letra **s** representa o mesmo som nas duas sílabas em que aparece? Explique.

____

____

2 Encontre no quadro oito palavras escritas com a letra **s**.

A	G	S	E	M	A	N	A	O	C	O	N	V	E	R	S	A
Z	E	Q	B	A	F	P	A	R	A	F	U	S	O	W	O	S
B	R	A	S	I	L	Y	K	O	B	R	M	Z	Q	A	I	S
G	I	P	J	Q	U	S	A	U	D	A	D	E	B	Y	J	A
J	S	J	S	O	C	O	R	R	O	T	H	B	C	B	A	D
L	W	R	R	T	C	R	I	T	E	R	I	O	S	A	T	O

Estúdio Mil/Arquivo da editora

a) Entre as palavras que você encontrou, em quais delas a letra **s** aparece entre duas vogais?

____

b) O que essas palavras indicadas por você no item **a** têm em comum em relação ao som?

Em diversas palavras, a letra **s** pode representar o mesmo som que a letra **z**. Exemplos: me**s**a, pesqui**s**ar, va**s**o, te**s**e, vi**s**ual, etc.

3 Complete a tabela abaixo conforme o exemplo.

Palavra de origem	Palavra derivada
análise	analisar
revisão	______
pesquisa	______

Para saber se uma **palavra derivada** deve ser escrita com **s** ou **z**, pode-se observar a grafia da **palavra primitiva (de origem)**. Veja:

Palavra primitiva		Palavra derivada
im-pro-vi-**s**o	→	im-pro-vi-**sar**
mo-der-no	→	mo-der-ni-**zar**

Se a sílaba final na palavra de origem contém **s**, a palavra derivada manterá o **s** na última sílaba. Se não há **s** na sílaba final da palavra primitiva, então a palavra derivada deve ser escrita com **z** na última sílaba.

4 Complete as palavras abaixo com **s** ou **z**.

a) aviso → avi______ar

b) piso → pi______ar

c) visual → visuali______ar

d) real → reali______ar

LEITURA 2

Você sabe o que é e para que serve um cartão-postal? Você já escreveu ou recebeu algum?

Leia o cartão-postal que Yuri enviou para a namorada durante uma viagem que fez para Manaus, Amazonas, em 2013.

Fenômeno natural provocado pela confluência das águas escuras do Rio Negro com as águas barrentas do Rio Solimões. Por uma extensão de mais de 6 km, as águas dos rios correm lado a lado sem se misturar.

Natural phenomenon provoked by the confluence of Rio Negro's dark waters with Rio Solimões muddy waters. For an extension of more than 6 km, the waters of the two rivers run side by side without mixing.

Oi, Leslie.

O rio está enchendo muito rápido.

Está chovendo todos os dias.

Semana passada viajei de barco até Parintins. Foi maravilhoso!

Só seria melhor se você estivesse aqui.

Beijinhos,

Yuri

Leslie Lopes Sandes
Avenida das Oliveiras, 200
3º andar
Jardim das Rosas
Belo Horizonte – MG
CEP 02372-000

Fotografia: Ribamar o "Caboclo" - Edição de imagem: Sônia Carioca

ATIVIDADES

1 O que mostra a imagem do cartão-postal? Onde é possível encontrar essa informação?

____

____

____

2 A mensagem escrita no cartão-postal tem relação com a imagem? Qual?

____

____

3 Quem é o destinatário do cartão-postal? Em qual município ele está?

____

4 O remetente usou linguagem formal ou informal para escrever o cartão-postal? Justifique sua resposta com trechos da mensagem.

____

____

O **cartão-postal** é um meio de comunicação usado quando as pessoas viajam, para dar notícias e escrever sobre o lugar que estão visitando. Na parte da frente do cartão, há sempre uma imagem representativa do local. No verso (parte de trás), há espaço para uma mensagem curta e para os dados do destinatário.

5 Assinale com um **X** as frases que indicam características do cartão-postal.

- [ ] Tem espaço para mensagens longas, com muitos detalhes.
- [ ] É usado para escrever uma mensagem breve a respeito do local que se está visitando.
- [ ] Tem uma imagem que representa um lugar, além de conter espaço para um pequeno texto e para a identificação do destinatário.

MERGULHO NA ESCRITA GRAMÁTICA

Dígrafo

1 Releia a frase abaixo, retirada do cartão-postal:

Está chovendo todos os dias.

a) Na frase, passe um traço embaixo da palavra que tem mais letras que fonemas.

b) Quantas letras e quantos fonemas tem essa palavra?

____

c) Circule os pares de letras dessa palavra que representam um único fonema.

> Chama-se **dígrafo** o agrupamento de duas letras que representam um único fonema. Exemplos: **qu**eijo, ca**rr**o, c**om**pra.

2 Descubra quais são os dígrafos das palavras e complete a cruzadinha.

5 letras	7 letras	11 letras
so★o ca★o	pi★ina	pa★aportes adole★ente e★epcional

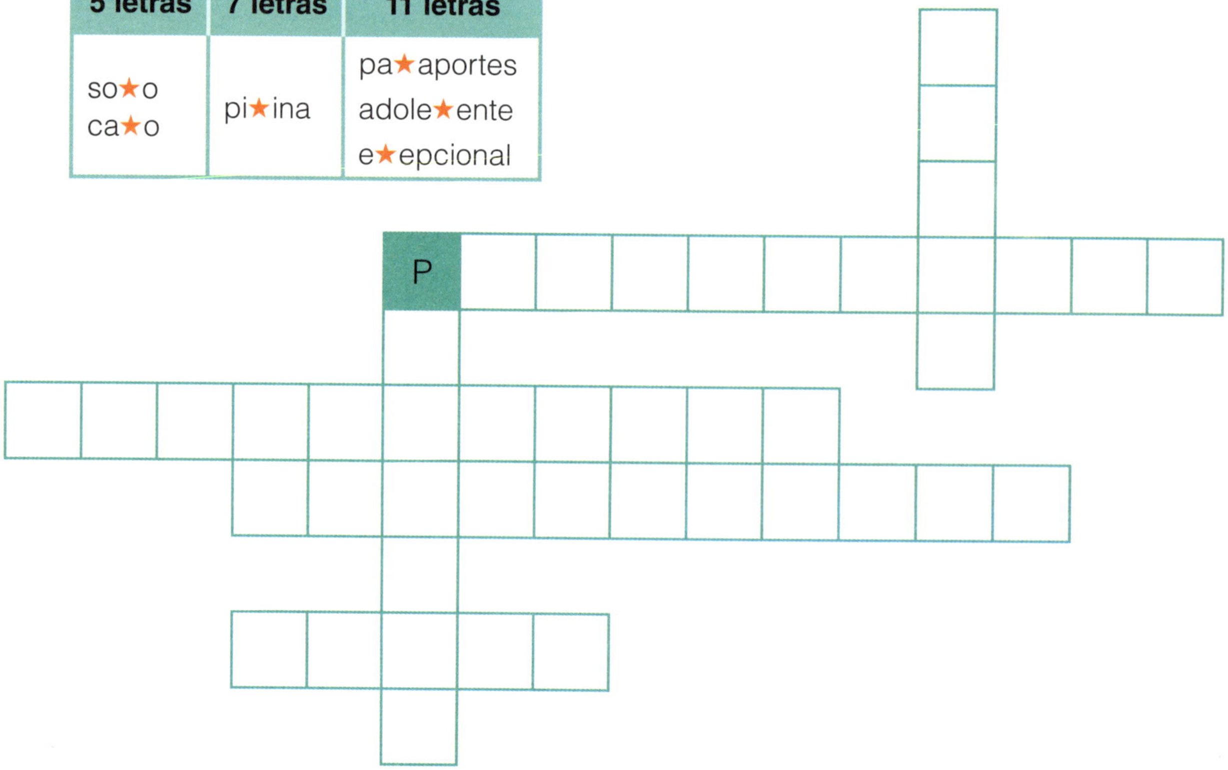

3 Releia a mensagem do cartão-postal, forme dupla com um colega e respondam às questões abaixo.

> O rio está **enchendo** muito rápido. Está **chovendo** todos os dias.
>
> Semana **passada** viajei de barco até **Parintins**. Foi **maravilhoso**!
>
> Só seria **melhor** se você **estivesse aqui**.

a) Escreva o número de letras e fonemas das palavras em destaque.

____

____

____

____

____

b) Circule os dígrafos das palavras no texto.

> Os conjuntos de letras **am**, **an**, **em**, **en**, **im**, **in**, **om**, **on**, **um** e **un** são chamados de **dígrafos nasais**.
>
> Os conjuntos de letras **lh**, **nh**, **ch**, **gu**, **qu**, **ss**, **rr**, **sc**, **sç**, **xc** e **xç** são chamados de **dígrafos consonantais**.

4 Circule nas palavras que têm dígrafo os pares de letras que representam um só fonema.

a) adversário
b) bravo
c) pássaro
d) mundo
e) escola
f) encrenca
g) pesca
h) exceção

- Distribua no quadro abaixo as palavras que você circulou na atividade anterior.

Dígrafos nasais	Dígrafos consonantais
______________________	______________________
______________________	______________________

Estúdio Ornitorrinco/Arquivo da editora

MEUS TEXTOS

Carta

Neste capítulo, você viu como são as cartas e os cartões-postais. Agora, convidamos você a escrever uma carta para alguém que conheça e more em outra cidade ou, pelo menos, em outro bairro; pode ser um familiar ou ex-colega que esteja em outra turma ou outra escola, por exemplo. É importante que você saiba o endereço dessa pessoa.

O assunto da sua carta vai ser a escola. Fale sobre como foi o seu início de ano escolar, suas expectativas e curiosidades em relação à turma e aos estudos, seus medos e desejos, tudo o que você esperava acontecer ou então sobre aquilo de que mais gostou de aprender até agora. Vamos lá?

Planejamento

1 Para isso, sua carta deverá ter os seguintes elementos: local e data; saudação e nome do destinatário; mensagem; despedida ou fechamento; assinatura/nome do remetente.

Rascunho

2 Escreva um rascunho da carta na página ao lado. Lembre-se de que o destinatário da sua carta está distante e procure escrever detalhadamente o que deseja contar.

Revisão

3 Depois de escrever o rascunho da sua carta, leia-o com atenção e use o quadro abaixo para revisá-lo.

	Sim	Preciso fazer/refazer
Escrevi o local e a data? Fiz uma saudação ao destinatário?		
Tive dúvidas sobre a pontuação e a ortografia do meu texto?		
Consultei o dicionário e/ou o meu professor para resolver essas dúvidas?		
Terminei a carta me despedindo? Assinei a carta?		

4 Escreva abaixo o rascunho da sua carta.

Estúdio Ornitorrinco/Arquivo da editora

Meu texto

5 Depois de fazer a revisão da carta, reescreva-a em uma folha de papel bem bonita para enviá-la à pessoa escolhida por você!

6 Você lembra que era importante saber o endereço do destinatário da carta? Pois agora é o momento de preencher o envelope para enviar sua carta pelo correio! Siga as orientações das páginas seguintes para ver como é feito esse preenchimento.

Envelope

Observe a frente e o verso de um envelope preenchido.

Frente: dados do destinatário

Verso: dados do remetente

Fotos: Reprodução/Arquivo da editora

Rascunho do envelope

7 Preencha a frente e o verso do envelope reproduzido abaixo com o seu endereço e com o endereço da pessoa para a qual você escreveu a carta. Esse vai ser o seu rascunho, antes de escrever em um envelope de verdade!

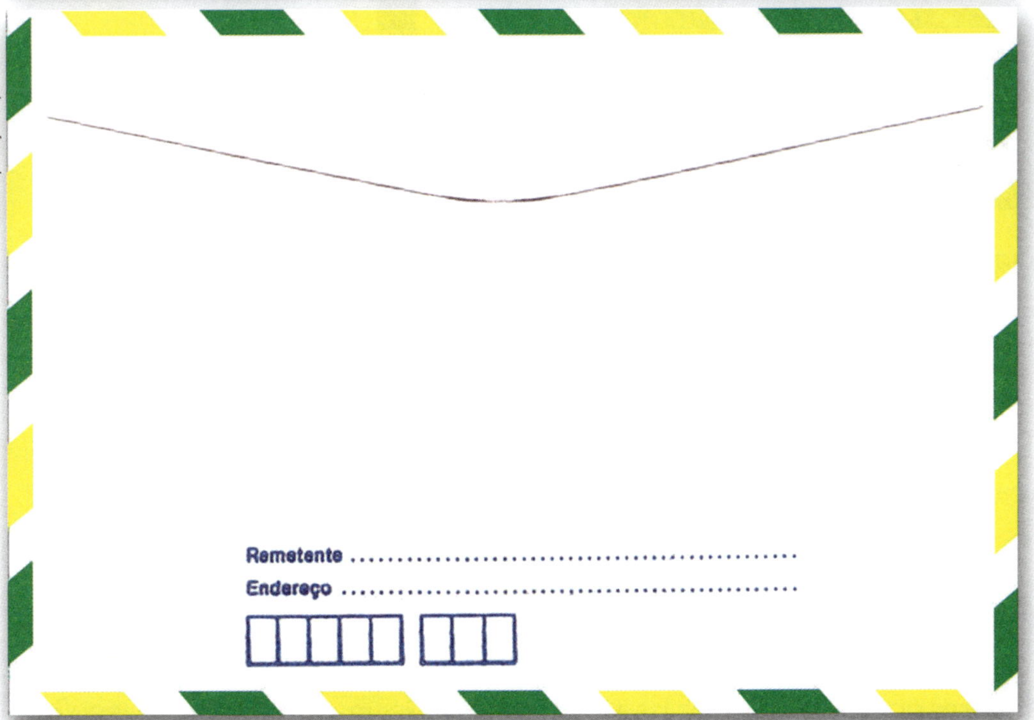

Fotos: Reprodução/Arquivo da editora

8 Depois de terminar, faça a revisão do texto do envelope com o professor.

ATIVIDADES DO CAPÍTULO

1. Observe a obra **Mulher lendo uma carta**, do pintor holandês Johannes Vermeer.

The Granger Collection/Other Images/Museu Rijks, Amsterdã, Holanda.

Mulher lendo uma carta, de Johannes Vermeer. Óleo sobre tela (1664).

- Agora leia a biografia resumida do pintor e responda às questões a seguir.

Johannes Vermeer **nasceu** e **morreu** em Delft, Holanda (1632-1675), e viveu os anos de ouro da Holanda, período em que o país estendeu sua presença no mundo graças à navegação. Em vida, não obteve reconhecimento, que veio dois séculos depois. Mestre da representação da vida cotidiana em ambientes interiores **equilibrados** e **atraentes**, dele restaram 36 obras reconhecidas [...].

Disponível em: <http://masp.art.br/masp2010/exposicoes_integra.php?id=127>. Acesso em: 28 jan. 2016.

a) Na biografia se diz que Vermeer é um "mestre da representação da vida cotidiana em ambientes interiores equilibrados e atraentes". Converse com seus colegas e responda: o que há na pintura observada que confirma isso?

b) Observe novamente a pintura de Vermeer. Quais características essa carta provavelmente apresenta? Assinale-as com um **X**.

- ☐ saudação inicial
- ☐ moral da história
- ☐ assinatura (nome do remetente)
- ☐ nome do destinatário
- ☐ ingredientes
- ☐ modo de fazer

Estúdio Ornitorrinco/Arquivo da editora

c) Observe as palavras em destaque no texto da biografia. Circule os dígrafos dessas palavras.

d) Escreva a quantidade de letras e de fonemas das palavras abaixo, retiradas do texto:

- nasceu: ____________________
- morreu: ____________________
- equilibrados: ____________________
- atraentes: ____________________

e) Encontre no texto palavras em que a letra **s** represente o mesmo som que a letra **z**. Escreva-as.

____

2. Assinale com um **V** apenas as afirmações verdadeiras.

- ☐ O cartão-postal é um meio de comunicação usado quando as pessoas viajam, para dar notícias da viagem e escrever sobre o lugar visitado.
- ☐ O cartão-postal é usado para comunicar mensagens longas.
- ☐ O cartão-postal deve ser preenchido com os dados do destinatário.

LEITURA DE IMAGEM

Como cuidamos do espaço em que vivemos?

Você já observou os espaços públicos do local onde vive? Em sua opinião, eles estão bem conservados?

A preservação de monumentos, parques, praças, prédios públicos e mesmo das ruas pelas quais circulamos é de responsabilidade das autoridades governamentais. Mas o que nós devemos fazer como cidadãos?

Observe

João Wainer/Folhapress

1 Pichação no **Monumento às Bandeiras**, obra do artista plástico Victor Brecheret, localizada no Parque do Ibirapuera, na zona sul da cidade de São Paulo, SP. Foto de 2006.

Zé Zuppani/Pulsar Imagens

2 Lixo na praia da Enseada, localizada em Bertioga, SP. Foto de 2010.

Analise

1. Na imagem 1, o fotógrafo tinha a intenção de mostrar apenas o monumento? Por quê?

2. Agora observe a fotografia 2. O que a imagem indica? Assinale com um **X** a resposta correta. A imagem indica que:

- [ ] o fotógrafo posicionou a máquina abaixo do alvo fotografado.
- [ ] o fotógrafo estava muito acima do alvo fotografado.
- [ ] o fotógrafo estava na mesma altura do alvo fotografado.

3. Na imagem 2, o fotógrafo optou por dar destaque à beleza da praia, ao dia ensolarado ou ao lixo jogado na areia?

____

4. Qual é a sua opinião sobre cada um dos problemas mostrados nas imagens? Converse com seus colegas.

Relacione

5. No Capítulo 1, você leu anúncios publicitários de turismo e o *e-mail* de uma menina que visitou Roma. Você acha importante que os pontos turísticos sejam preservados? Por quê?

6. Imagine que você fosse criar um cartaz sobre preservação de espaços públicos.

   a) Que mensagem você gostaria de passar às pessoas que leriam esse cartaz? Escreva duas frases que resumam essas ideias.

   ____

   ____

   b) Nesse cartaz, você poderia indicar o que as pessoas não devem fazer nos espaços públicos. Que comportamentos poderiam ser sugeridos para cada local? Converse com os colegas.

CAPÍTULO 3

CONHECER O MUNDO!

LEITURA 1

As irmãs Laura, Tamara e Marininha são filhas do famoso velejador brasileiro Amyr Klink. No texto que você vai ler a seguir, as três meninas contam um episódio que viveram quando viajaram à Antártida com o pai (no texto, elas chamam o continente de Antártica, outro nome pelo qual ele é conhecido). O que você sabe sobre a Antártida? Converse com os colegas e o professor e troquem informações.

Leia o título. Que tipo de tesouro você acha que as meninas foram buscar?

Caça ao tesouro

Desde pequenas, sabemos que os piratas dão a vida para encontrar tesouros. E nós ficamos impressionadíssimas quando nosso pai disse em nossa primeira viagem à Antártica que iríamos procurar um tesouro deixado anos atrás por ele e seus amigos em um lugar chamado Pleneau. Pensávamos: "Pleneau, onde fica esse lugar? O que será que é esse tesouro? Como iríamos encontrá-lo no meio da neve?" Estávamos curiosas. Não conseguimos descobrir mais nada.

O que sabíamos era que, quando esse tesouro foi guardado, cada um do grupo de amigos do nosso pai escolheu uma coisa que gostava para deixar escondida, e também que tudo estava dentro de uma caixa laranja. Provavelmente a caixa era desta cor para ficar mais fácil de ser encontrada no gelo.

Contávamos com a ajuda de um GPS, mas como nosso pai dizia, tínhamos que ter sorte, porque ele tem uma margem de erro de até 10 metros. Isso representa muito trabalho no meio daquela neve toda! Começamos a cavar o buraco torcendo para encontrar logo. Cavamos, cavamos e cavamos e, quando ninguém mais aguentava cavar, nosso pai continuou sozinho.

GPS: sigla para *Global Positioning System*. Em português, a expressão significa 'sistema de posicionamento global'. Aparelho que envia informações sobre a posição de algo por meio de troca de dados com um satélite.

Pleneau: ilha que faz parte de um arquipélago localizado na Antártida.

A escavação durou mais três dias e, é claro, o único que continuou cavando foi nosso pai. A essa altura, o que fazíamos era ficar reclamando porque ele não havia encontrado nada ainda! Mas, finalmente, depois de cavar um buraco do tamanho de um elefante, nós vimos a tal caixinha laranja e começamos a gritar.

Tivemos duas grandes surpresas. Uma era que havia uma dura placa de gelo por cima da caixa. Podíamos vê-la, mas era impossível chegar até ela. Mais trabalho para o nosso pai... Foi duro, mas finalmente conseguimos alcançá-la! A outra surpresa era que, depois de quase explodirmos de alegria, ficamos paralisadas, não pelo frio, mas porque vimos dentro da caixinha apenas uma garrafa de uísque, uma Bíblia, um cabo azul, um pouco de dinheiro e algumas fotos. Ficamos sem graça... e a Marininha foi quem perguntou: "Mas pai, cadê as joias, as pérolas e os colares de diamante?".

A sensação de decepção durou alguns dias porque tinha dado muito trabalho para achar. Mas nós tivemos uma ideia: fazer um tesouro para deixar escondido no mesmo lugar. Ali colocamos coisas de que nós gostamos, como pequenos brinquedos, presilhinhas de cabelo e desenhos feitos por nós. Assim, já teríamos um bom motivo para voltar para lá. E esse tesouro nós mesmas fizemos e nosso pai nos ajudou a escondê-lo num lugar secreto. Esse, sim, se tornou um tesouro de verdade para nós.

Férias na Antártica, de Laura, Tamara e Marininha Klink. São Paulo: Grão Editora, 2010. p. 24-25. (Adaptado.)

ATIVIDADES

1. O que você achou do tesouro encontrado pelas meninas? Você se sentiu como elas ao descobrir o que era?

2. Quem contou o relato de viagem que você acabou de ler? Onde você encontrou essa informação?

____

____

3. Como as meninas estavam se sentindo antes da primeira viagem que fizeram à Antártida? Por quê?

____

____

____

4. Por que o título do relato é **Caça ao tesouro**? Que outro título você daria?

____

____

____

____

5. Por que o pai das meninas e o grupo de amigos dele guardaram o tesouro em uma caixa laranja? Assinale com um **X** a resposta correta.

- [ ] Era a cor preferida do grupo.
- [ ] Facilitaria a localização do tesouro no gelo.

6. Releia um trecho do relato de viagem e responda à questão abaixo.

> Cavamos, cavamos e cavamos e, quando ninguém mais aguentava cavar, nosso pai continuou sozinho.

- Em sua opinião, por que as meninas repetiram a palavra **cavamos** três vezes? Converse com seus colegas sobre isso.

7 O que as meninas sentiram quando a caixa do tesouro foi aberta? Por que você acha que elas se sentiram assim?

____

____

____

____

8 No final, as meninas tiveram uma ideia que as deixou felizes. Que ideia foi essa?

____

____

____

____

9 Assinale as características que você identificou no relato de viagem.

- [ ] Apresenta uma história verdadeira.
- [ ] É contado por alguém que viveu as experiências da história.
- [ ] Descreve aventuras imaginárias, com tesouros perdidos, piratas e monstros marinhos.

As irmãs, Tamara, Laura e Marininha Klink. Foto de 2010.

Marina Klink/LatinContent/Getty Images

MERGULHO NA ESCRITA GRAMÁTICA

Substantivo: simples e composto

Westend61 GmbH/Alamy/Glow Images

1 Leia outro trecho do relato de viagem das irmãs Klink:

Nós vimos quatro **espécies** de **focas** — a **foca-leopardo**, a **foca-de-weddell**, a **foca-caranguejeira** e a **foca-de-pelo** (também chamada de **lobo-marinho-antártico**) — e os **elefantes-marinhos**, mas nunca vimos de perto uma **foca-ross**.

a) Distribua as palavras em destaque nas colunas correspondentes da tabela abaixo. Veja o exemplo.

Substantivo simples (uma só palavra)	Substantivo composto (duas ou mais palavras)
focas	foca-leopardo

b) Nesse trecho do relato de viagem há mais substantivos

☐ simples ☐ compostos

Os **substantivos compostos** são formados por duas ou mais palavras. Exemplos: **beija-flor**, **porta-voz**, **pontapé** (ponta + pé), **girassol** (gira + sol).

Os **substantivos simples** são formados apenas por uma palavra. Exemplos: **beijo**, **vida**, **foca**, **neve**.

2 Siga as dicas nas legendas e escreva o nome dos animais abaixo.

Charles Brutlag/Shutterstock/ Glow Images

Ao se alimentar, parece que beija as flores.

____

Alfie Photography/Shutterstock/Glow Images

É o leão dos mares.

____

Chris Ross/Aurora Photos/Corbis/Latinstock

Tem uma boca que se parece com uma espada.

____

3 Assinale com um **X** os personagens cujos nomes são substantivos compostos.

Ilustrações: Gustavo Grazziano/ Arquivo da editora

☐ Lobisomem

☐ Saci-Pererê

☐ Boto

4 Copie os substantivos do quadro abaixo nas colunas da tabela, separando-os em simples ou compostos.

abacateiro fubá couve-flor guarda-chuva abacate leite
segunda-feira jornal passatempo bem-te-vi

Substantivos simples	Substantivos compostos

5 Reúna-se com um colega e escrevam no caderno o que aprenderam sobre substantivo simples e composto.

MERGULHO NA ESCRITA ORTOGRAFIA

Sons representados por x

1 Leia novamente um trecho do relato de viagem das irmãs Klink:

> Tivemos duas grandes surpresas. Uma era que havia uma dura placa de gelo por cima da **caixa**. [...] Foi duro, mas finalmente conseguimos alcançá-la! A outra surpresa era que, depois de quase **explodirmos** de alegria, ficamos paralisadas, não pelo frio, mas porque vimos dentro da **caixinha** apenas uma garrafa de uísque, uma Bíblia, um cabo azul, um pouco de dinheiro e algumas fotos.

a) Leia em voz alta as palavras em destaque e responda: a letra **x** representa o mesmo som nas três palavras?

b) Em qual palavra a letra **x** representa o mesmo som que na palavra **texto**?

A letra **x** não representa sempre o mesmo som. Observe:

xampu

au**x**ílio

e**x**ercício

bo**x**e

Ilustrações: Gustavo Grazziano/ Arquivo da editora

2 Leia as palavras do quadro e relacione-as na tabela de acordo com a pronúncia da letra **x**. Veja o exemplo.

exato	reflexo	extraordinário	extintor
caixa	exigente	táxi	xícara

enxada	exemplo	explicação	axila
			táxi

3 Faça as meninas chegarem ao tesouro escolhendo um dos três caminhos de palavras em que a letra **x** representa o mesmo som.

Gustavo Grazziano/Arquivo da editora

LEITURA 2

Leia o título do texto a seguir e responda: ele tem alguma semelhança com o relato de viagem das irmãs Klink? Por quê?

Neste texto, você imagina que a história será real ou imaginária?

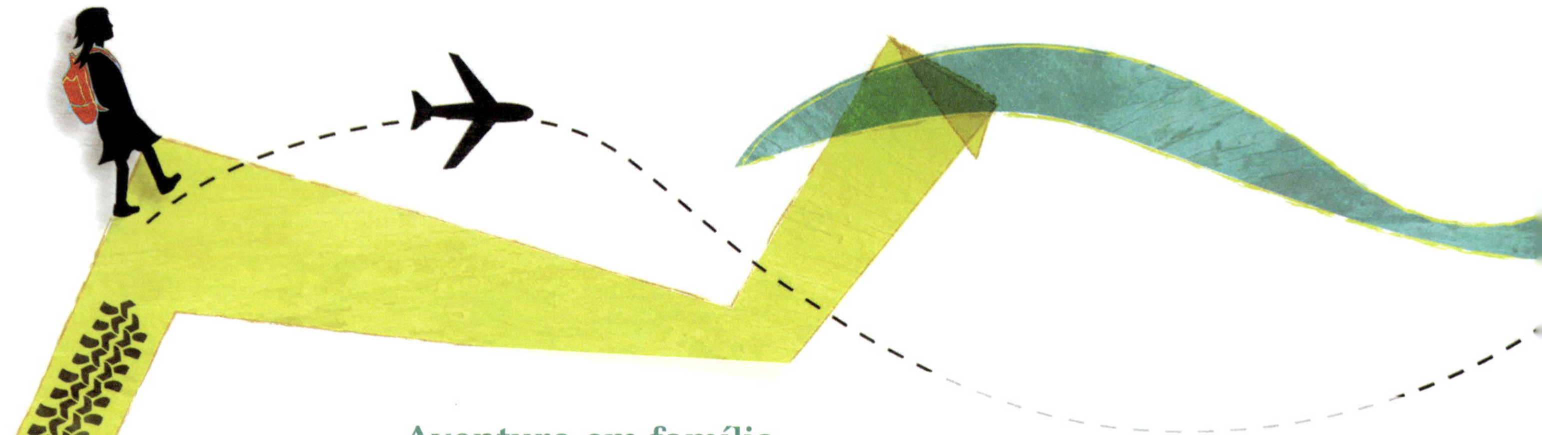

Aventura em família

Luísa Pinto
Colaboração para a *Folha*

Nessa viagem pelo mundo, Inês já andou de bicicleta, barco e trem e dormiu até em casa na árvore.

Quando, no dia 6 de janeiro, entrou no avião para fazer sua primeira viagem intercontinental, Inês, uma menina portuguesa que ainda não tinha completado cinco anos, levava em sua mochila muitos livros, alguns brinquedos e uma carta com beijinhos de todos os amigos da escola.

Estava animada porque ia ficar sempre com o pai e com a mãe e porque ia "descobrir o mundo e viver aventuras", como cantava o menino Tom Sawyer, personagem principal dos livros infantis do escritor americano Mark Twain (1835-1910).

Os pais de Inês decidiram passar um ano viajando, antes de ela entrar no primeiro ano escolar, para lhe mostrar como o mundo é grande, diverso e lindo; como as pessoas são diferentes, vestem e falam de maneira distinta e são quase sempre boas.

Andrea Ebert/Arquivo da editora

Pikitim, apelido que os pais deram a Inês quando ela era bebê, já passou nesses últimos seis meses por Singapura, Tailândia, Malásia, Filipinas, Austrália e Nova Zelândia [...].

Já viajou de barco, trem, ônibus, bicicleta, moto, táxi, carro – tudo o que tem motor e a gente consiga imaginar. Já dormiu em muitos lugares: em casas na árvore e sobre a água, em trens, em caravanas, em pousadinhas e houve até uma vez em que passou a noite no aeroporto! Tem tido muitas aventuras e, mais importante, tem feito novos amigos.

Parece muita coisa para uma garotinha levar na bagagem? A sua mochila não tem aumentado de tamanho, mas o seu coração sim, e a sua memória está repleta de boas recordações. Metade da viagem já passou, e ela já atravessou meio mundo.

E o melhor é que ainda falta a outra metade!

Luísa Pinto, jornalista, é mãe de Inês, 5.

Andrea Ebert/Arquivo da editora

4 capa SÁBADO, 14 DE JULHO DE 2012 folhinha ★ ★ ★ FOLHA DE S.PAULO

FOLHA DE S.PAULO ★

um ano de descobertas

Em seis meses, Pikitim já cresceu muito, em tamanho e em conhecimento; veja aqui os lugares que ela mais gostou

1

MONSTROS À SOLTA (INDONÉSIA)

Uma vez por ano, a ilha de Bali não tem carros, nem músicas, nem gargalhadas. Mas antes desse silêncio, há uma festa. No dia anterior, cada família faz o seu **Ogoh-ogoh** (é o nome dos espíritos) e o leva para desfilar. As ruas ficam lotadas, o povo chama os monstros maus e queima os bonecos na fogueira. Depois há silêncio, para que todos façam um balanço do que fizeram de bom e de mau no ano.

3

OLHA O NEMO (FILIPINAS)

No **arquipélago de Bacuit**, Pikitim ficou bem contente por ter encontrado dois peixes-palhaço bem bonitinhos para mostrar aos pais. Ela não teve dúvidas de que eram o Nemo e o pai dele — vai ver que eles decidiram sair da Austrália e viajaram até as Filipinas. Lá é tudo bem mais tranquilo do que na Grande Barreira de Corais, onde eles vivem no filme.

4

BONITO QUE DÓI (NOVA ZELÂNDIA)

Tudo nesse país parece ser um cenário perfeito: a **montanha bem bicudinha com neve** lá no alto e lagos cristalinos. Arco-íris no céu quase todos os dias e rochas que fazem camadas como panquecas. E praia em que a gente pode escavar a nossa própria piscina de água quente. É tudo tão bom que a Pikitim disse que, se não fizesse tanto frio e se falassem português, ela gostaria de morar lá.

2

PÉ DE FEIJÃO (MALÁSIA)

Ao olhar para **o teleférico na ilha de Langkawi**, a Pikitim pensou logo no pé de feijão mágico. Do alto da montanha, a vista é magnífica e tem uma ponte suspensa que chega a dar a impressão de que andamos por cima das nuvens, como o João quando subiu no pé de feijão. A Pikitim andou por lá, mas não achou nenhum ogro nem a galinha dos ovos de ouro.

Folha de S.Paulo/Folhapress

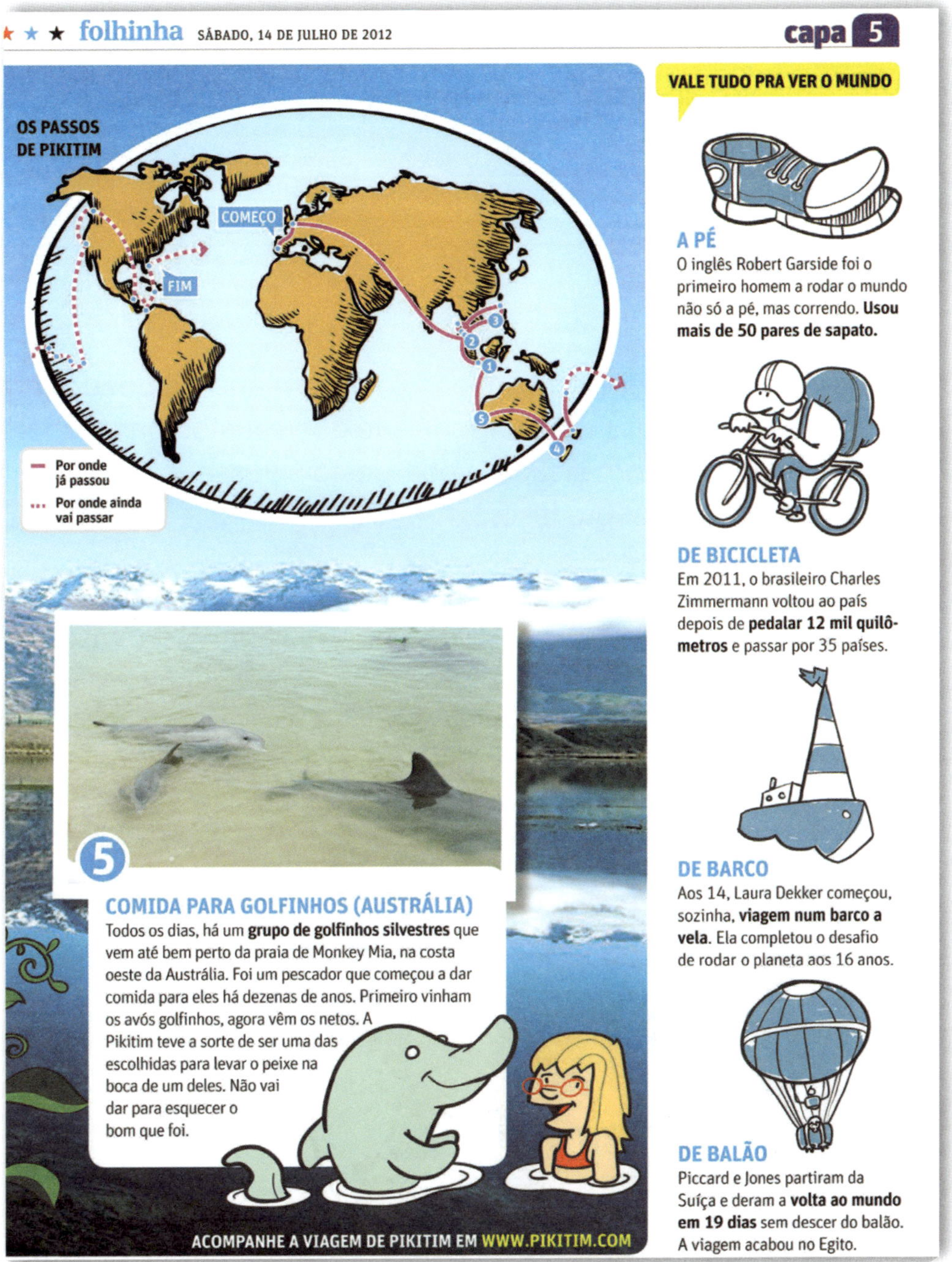

folhinha SÁBADO, 14 DE JULHO DE 2012

capa 5

5 COMIDA PARA GOLFINHOS (AUSTRÁLIA)

Todos os dias, há um **grupo de golfinhos silvestres** que vem até bem perto da praia de Monkey Mia, na costa oeste da Austrália. Foi um pescador que começou a dar comida para eles há dezenas de anos. Primeiro vinham os avós golfinhos, agora vêm os netos. A Pikitim teve a sorte de ser uma das escolhidas para levar o peixe na boca de um deles. Não vai dar para esquecer o bom que foi.

ACOMPANHE A VIAGEM DE PIKITIM EM WWW.PIKITIM.COM

VALE TUDO PRA VER O MUNDO

A PÉ

O inglês Robert Garside foi o primeiro homem a rodar o mundo não só a pé, mas correndo. **Usou mais de 50 pares de sapato.**

DE BICICLETA

Em 2011, o brasileiro Charles Zimmermann voltou ao país depois de **pedalar 12 mil quilômetros** e passar por 35 países.

DE BARCO

Aos 14, Laura Dekker começou, sozinha, **viagem num barco a vela**. Ela completou o desafio de rodar o planeta aos 16 anos.

DE BALÃO

Piccard e Jones partiram da Suíça e deram a **volta ao mundo em 19 dias** sem descer do balão. A viagem acabou no Egito.

Folha de S.Paulo/Folhapress

Folha de S.Paulo/Folhapress

Aventuras em família. *Folha de S.Paulo,* 14 jul. 2012. Folhinha. p. 2-4.

ATIVIDADES

1 O texto que você leu é uma reportagem, um texto jornalístico que busca aprofundar os conhecimentos sobre um tema. Sobre o que trata essa reportagem?

2 Nessa reportagem há um infográfico com o título de **Um ano de descobertas**. O infográfico é um texto que mistura imagens e textos escritos para organizar as informações de um texto jornalístico. Você gostou desse infográfico? Por quê? Fale com seus colegas sobre isso.

3 No mapa mostrado no infográfico, há uma linha tracejada e uma linha contínua. Qual delas representa os lugares por onde Pikitim ainda vai passar? Como você percebeu isso?

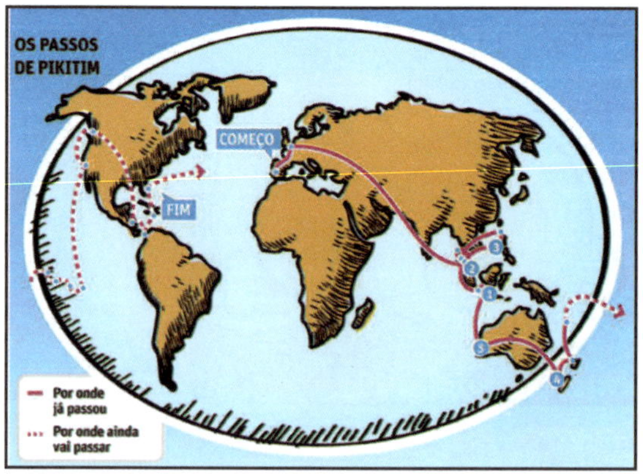

Folha de S.Paulo/Folhapress

4 Pikitim disse que gostaria de morar em um dos lugares que visitou. Que lugar é esse e o que a impede de morar lá?

5 Em que lugar Pikitim estava quando se lembrou da história "João e o pé de feijão"? Por que ela se lembrou disso? Você conhece essa história? Converse com seus colegas sobre essas questões.

6 Na Austrália, Pikitim alimentou golfinhos silvestres na praia. Os golfinhos começaram a aparecer por lá porque:

- [ ] um pescador deu comida aos golfinhos no passado.
- [ ] eles não encontraram comida no mar e perceberam que a menina estava distribuindo peixes naquela praia.

7 Nas Filipinas, Pikitim vê peixes-palhaços e se lembra da animação **Procurando Nemo**.

a) Você já assistiu a esse filme? Em caso afirmativo, comente com os colegas e o professor o que achou da história contada nele.

Nemo é um personagem do filme **Procurando Nemo**, de Andrew Stanton e Lee Unkrich (dir.), Estados Unidos/ Austrália: Disney, 2003.

b) Por que Pikitim se lembrou desse filme?

____

____

8 Antes do infográfico, há um texto escrito pela jornalista Luísa Pinto, que também é a mãe de Pikitim. Compare esse texto com o infográfico e assinale **V** para as afirmações verdadeiras e **F** para as falsas.

- [ ] O infográfico apresenta as mesmas informações que o texto escrito por Luísa Pinto no texto inicial.
- [ ] As imagens e o mapa não são importantes para a leitura do infográfico nem do texto inicial.
- [ ] No infográfico, a presença de imagens facilita a compreensão da viagem feita por Pikitim.

9 Na Indonésia, Pikitim conheceu uma festa tradicional do país que antecede um dia de silêncio. O que os indonésios fazem nessa festa?

____

____

MERGULHO NA ESCRITA GRAMÁTICA

Substantivo: primitivo e derivado

1 Releia este trecho do infográfico:

Ao olhar para o teleférico na ilha de Langkawi, a Pikitim pensou logo no pé de **feijão** mágico.

Delfim Martins/Pulsar Imagens

- Agora, leia este trecho de um texto informativo que trata da origem de uma planta cujos grãos são muitos conhecidos:

O **feijoeiro** comum é uma planta cultivada há milhares de anos pelo homem. Sua origem, até hoje, constitui fonte de divergência entre os pesquisadores. [...]. Algumas evidências levam à hipótese de que o centro de origem da planta e sua domesticação como cultura teriam ocorrido na região da Mesoamérica, por volta de 7000 anos a.C. [...].

Disponível em: <www.cifeijao.com.br/index.php?p=historico>. Acesso em: 1º fev. 2016. (Adaptado).

a) O nome dado ao pé de feijão é feijo**eiro**. Você conhece outras plantas ou árvores que tenham a terminação **-eiro** ou **-eira** no nome? Quais? Cite, pelo menos, dois exemplos.

____

____

b) É muito comum que as árvores frutíferas tenham o nome formado com base no nome da fruta que produzem; veja o exemplo no quadro abaixo:

Nome da fruta	Nome da árvore
laranja	laranjeira
figo	____________
coco	____________
pera	____________

- Agora complete o quadro com o nome de cada árvore correspondente à fruta indicada.

Os **substantivos primitivos** são os substantivos da nossa língua que dão origem a novos substantivos. Por exemplo:

casa → caseiro; **porta** → portaria; **folha** → folhagem; **maçã** → macieira

Os substantivos **casa**, **porta**, **folha** e **maçã** são substantivos primitivos.

E os substantivos **caseiro**, **portaria**, **folhagem** e **macieira** são as palavras derivadas desses substantivos, ou seja, são **substantivos derivados**.

2 Escreva os substantivos primitivos das palavras abaixo.

a) carroceria: ______

b) livraria: ______

c) musicista: ______

d) anuário: ______

e) barbeador: ______

f) ferrugem: ______

3 Nos quadrinhos, escreva substantivos primitivos e derivados referentes às imagens abaixo, conforme o exemplo.

MariusdeGraf/Shutterstock/Glow Images

→ flor

→ floricultura

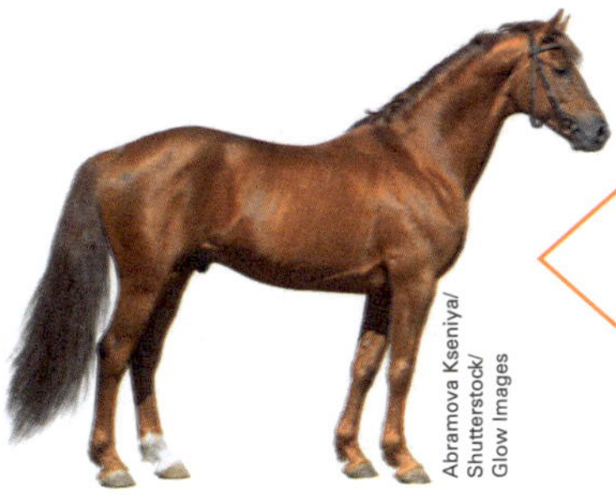

Abramova Kseniya/Shutterstock/Glow Images

→ ______

→ ______

Tatiana Popova/Shutterstock/Glow Images

→ ______

→ ______

Bola_BR/Shutterstock/Glow Images

→ ______

→ ______

ENTENDER AS PALAVRAS: DICIONÁRIO

Verbete: gênero e flexão de número

1. Releia um trecho da reportagem **Aventura em família**:

Os pais de Inês decidiram passar um ano viajando, antes de ela entrar no primeiro ano escolar, para lhe mostrar como o mundo é grande, diverso e lindo; como as pessoas são diferentes, vestem e falam de maneira **distinta** e são quase sempre boas.

- Observe a palavra destacada no texto acima. Agora veja como é o verbete dessa palavra no dicionário:

> **distinto** *adj.* dis-*tin*-to. **1.** Que é diferente dos demais. *Espalhou objetos de cores distintas pela sala.* ▲ **sinônimo:** diferente. ▲ **antônimo:** semelhante, parecido. **2.** Que se percebe claramente. *As vozes no corredor eram bem distintas, era fácil perceber quem falava.* ▲ **sinônimo:** claro. ▲ **antônimo:** confuso. **3.** Que é diferente dos outros por sua boa educação e comportamento (falando de pessoas). *Há muito tempo não vejo um homem tão distinto como Filipe.*

Maria Tereza Camargo Biderman/Ed. Ática

Dicionário Ilustrado de Português, de Maria Tereza Camargo Biderman. São Paulo: Ática, 2008.

2. Qual dos significados do dicionário corresponde ao da palavra que está no texto?

____

3. A abreviatura **adj.** é a primeira informação do verbete, aparecendo logo após a palavra **distinto**. O que essa abreviatura indica?

____

____

Hagaquezart Estúdio/Arquivo da editora

4. No texto, encontramos essa palavra no gênero feminino e na flexão singular: **distinta**.

[...] como as pessoas são diferentes, vestem e falam de maneira **distinta** e são quase sempre boas.

Em qual gênero e flexão ela aparece no verbete de dicionário?

____

5. A palavra **pessoas**, que é um substantivo, aparece no texto no gênero feminino e na flexão plural. Como ela apareceria no dicionário? Por que isso acontece? Converse com seus colegas.

6. Procure as palavras destacadas abaixo em um dicionário e escreva a forma como elas aparecem no verbete.

a) As **alunas** estavam muito **interessadas** na aula.

____

b) A **balsa** não era **segura**.

____

c) As **crianças** gostam de viajar.

____

No dicionário, as palavras que apresentam dois gêneros sempre são registradas como verbetes no masculino singular.

Hagaquezart Estúdio/Arquivo da editora

MEUS TEXTOS

Infográfico

Você vai se reunir em um grupo, organizado por seu professor, para criar um infográfico parecido com o que foi estudado neste capítulo.

O tema do infográfico de todos os grupos será **Descobrindo países: um mundo sem fronteiras**. Ao final, os infográficos serão expostos em um mural e poderão ser lidos por todos os colegas e por outras pessoas que eventualmente visitem a sala de vocês.

Planejamento

1 Para produzirem o infográfico, sigam as instruções abaixo.

- Escolham dois ou três países de que vocês gostem ou que tenham curiosidade de conhecer.
- Pesquisem sobre esses países as seguintes informações: comidas típicas, pontos turísticos mais conhecidos, clima e uma curiosidade.
- Selecionem imagens desses países em revistas e jornais ou imprimam imagens da internet.

Rascunho

2 Selecionem as principais informações que foram pesquisadas e escrevam pequenos textos sobre cada país. Depois, façam um esboço do infográfico em uma folha de papel sulfite: escrevam esses textos e determinem os espaços onde entrarão as imagens.

Gustavo Grazziano/Arquivo da editora

Revisão

3 Releiam o infográfico e verifiquem os itens abaixo.

	Sim	Preciso fazer/ refazer
Selecionamos informações sobre todos os países escolhidos?		
Elaboramos textos curtos sobre os países?		
Escolhemos imagens que têm relação com os textos escritos?		
Criamos um título para o infográfico?		
Procuramos no dicionário as palavras sobre as quais tivemos dúvida em relação à grafia?		

4 Antes de passar a limpo o texto e montar seu infográfico, troquem o que vocês escreveram com um colega de outro grupo para que ele diga se o texto de vocês está claro ou se há partes que precisam ser reescritas para que sejam mais bem entendidas. Façam o mesmo com o texto do outro grupo.

Meu texto

5 Componham em uma folha à parte a versão final do infográfico, com o título, os textos que vocês escreveram e as imagens selecionadas.

Depois de terminarem, organizem um mural na sala com os infográficos de todos os alunos. Em seguida, vocês vão fazer uma roda de bate-papo para apresentar aos colegas os textos que produziram. Observem quais países cada grupo escolheu e quais informações interessantes foram apresentadas nos infográficos.

Gustavo Grazziano/Arquivo da editora

ATIVIDADES DO CAPÍTULO

1. Leia este outro trecho do texto informativo sobre o feijão.

O feijão comum destaca-se nos hábitos alimentares nacionais. [...]. Há ainda outras espécies de feijão plantadas no país, como feijão-adzuki, cultivado mais por colonos japoneses, feijão-de-porco, usado como adubo verde, feijão-fava, consumido como grãos verdes, e o caupi ou feijão-de-corda, que no Nordeste do Brasil constitui a alimentação básica da população.

Disponível em: <www.cifeijao.com.br/index.php?p=historico>. Acesso em: 1º fev. 2016. (Adaptado.)

Tamayura/Shutterstock

Feijão-adzuki

a) Procure no texto quatro substantivos compostos e escreva-os abaixo.

____

____

b) Você conhece alguma das espécies de feijão indicadas no texto? Qual? Se não conhecer, escreva uma espécie que conheça ou consuma no seu dia a dia.

____

2. Ligue o substantivo primitivo ao substantivo derivado correspondente.

pão	amanhecer
manhã	tintureiro
tinta	padaria

3. Escreva, para cada sequência de palavras, **P** se os substantivos forem primitivos e **D** se os substantivos forem derivados.

☐ caseiro – casamento – ferreiro – ferrugem

☐ casa – ferro – vidro – pedra

4. Numere as frases de acordo com a legenda.

1 Relato de viagem

2 Infográfico

( ) Sempre apresenta a informação organizada em diferentes linguagens: texto escrito, fotografias, mapas e ilustrações.

( ) Contém o relato de uma experiência vivida durante uma viagem.

( ) É escrito por quem vivenciou as experiências.

( ) Em geral, faz parte de reportagens e é publicado em jornais e revistas.

5. Encontre dez palavras no quadro abaixo. Veja o exemplo:

M	A	N	T	E	I	G	A	W	C	V	P	O	R	T	A	R	C	R	F
Z	L	I	B	R	F	L	O	M	O	B	E	I	J	A	R	X	H	Z	L
G	U	A	R	D	A	R	R	O	U	P	A	D	A	C	X	V	U	A	O
Y	P	U	Q	U	I	Y	L	U	V	A	S	V	Z	R	T	L	V	M	R
E	D	P	A	P	E	L	U	R	E	T	R	A	T	O	S	X	A	U	Y

a) Entre as palavras encontradas, escreva os oito substantivos simples.

____

____

____

____

b) Use essas palavras para formar substantivos compostos. Escreva suas respostas.

____

____

____

____

O QUE APRENDI?

Luis Salvatore/Pulsar Imagens

1. Depois de tudo que aprendeu nos três primeiros capítulos deste livro, você já deve saber que a fotografia do início da Unidade mostra um ponto turístico brasileiro: o cânion do Xingó, em Sergipe.

a) Imagine que você foi visitar o cânion do Xingó e gostaria de escrever notícias da viagem para um amigo. O que você escreveria? Assinale uma ou mais opções mostradas abaixo.

- [ ] uma carta
- [ ] um anúncio publicitário
- [ ] relato de viagem
- [ ] um *e-mail*
- [ ] um cartão-postal
- [ ] um infográfico

b) Supondo que você escrevesse uma carta, quais elementos ela deveria ter, além da mensagem? E para enviá-la, o que é preciso?

2. Em uma das palavras do nome do ponto turístico que aparece na fotografia, há um encontro vocálico.

a) Separe as sílabas dessa palavra e circule o encontro vocálico.

____

b) O encontro vocálico dessa palavra é um ditongo, tritongo ou hiato? Por quê?

____

c) Essa palavra tem um dígrafo nasal ou consonantal? Escreva-a novamente e circule o dígrafo.

____

3. Nesta Unidade, você também conheceu pontos turísticos de outros países, como o Coliseu na cidade de Roma, na Itália, e uma praia com golfinhos, na Austrália. Você ficou com vontade de conhecer alguns desses lugares que apareceram na Unidade? Qual?

____

4. A letra **s** do nome **Indonésia** representa o mesmo som que qual outra letra?

- ☐ que o **ç** no nome **França**.
- ☐ que o **z** no nome **Nova Zelândia**.
- ☐ que o **s** no nome **Sergipe**.
- ☐ que o **x** no nome **Xingó**.

5. Na palavra **Xingó**, a letra **x** representa o mesmo som que o dígrafo **ch** nas palavras **chapéu** e **cachoeira**. Esse som também é representado pelo **x** na palavra:

- ☐ experiência.
- ☐ táxi.
- ☐ caixa.
- ☐ exílio.

MINHA COLEÇÃO DE PALAVRAS

Escreva, com suas palavras, o que você entende por:

- substantivo derivado: ______________________________
____
- substantivo composto: ______________________________
____

UNIDADE 2

MUITA MÚSICA!

Da esquerda para a direita: Marcelo (guitarra), Joca (bateria), Vinícius (baixo), Beto (teclado) e Duda (vocal).

1, 2, 3... Gravando!

Um bate-papo com Le Moustache, a banda revelação do *rock* nacional. Por N. de O. Matsumoto

Após o sucesso da primeira turnê, os integrantes da banda Le Moustache entram em estúdio e iniciam a gravação do seu segundo álbum. Confira a entrevista feita com o quinteto.

Depois do grande sucesso do primeiro álbum e de vários *shows* por todo o Brasil vocês voltaram para o estúdio. Como vocês imaginam que as novas experiências que tiveram irão interferir na criação do segundo álbum?

Marcelo: Nós vivemos um período de grandes mudanças. Há dois anos estávamos fazendo *shows* em pequenos bares e hoje estamos dando uma entrevista para uma grande revista de música. Não dá nem para acreditar! (risos) Acho que todas essas mudanças fizeram com que crescêssemos muito como músicos, e isso irá transparece[r] no novo álbum como melodia[s] e letras mais maduras.

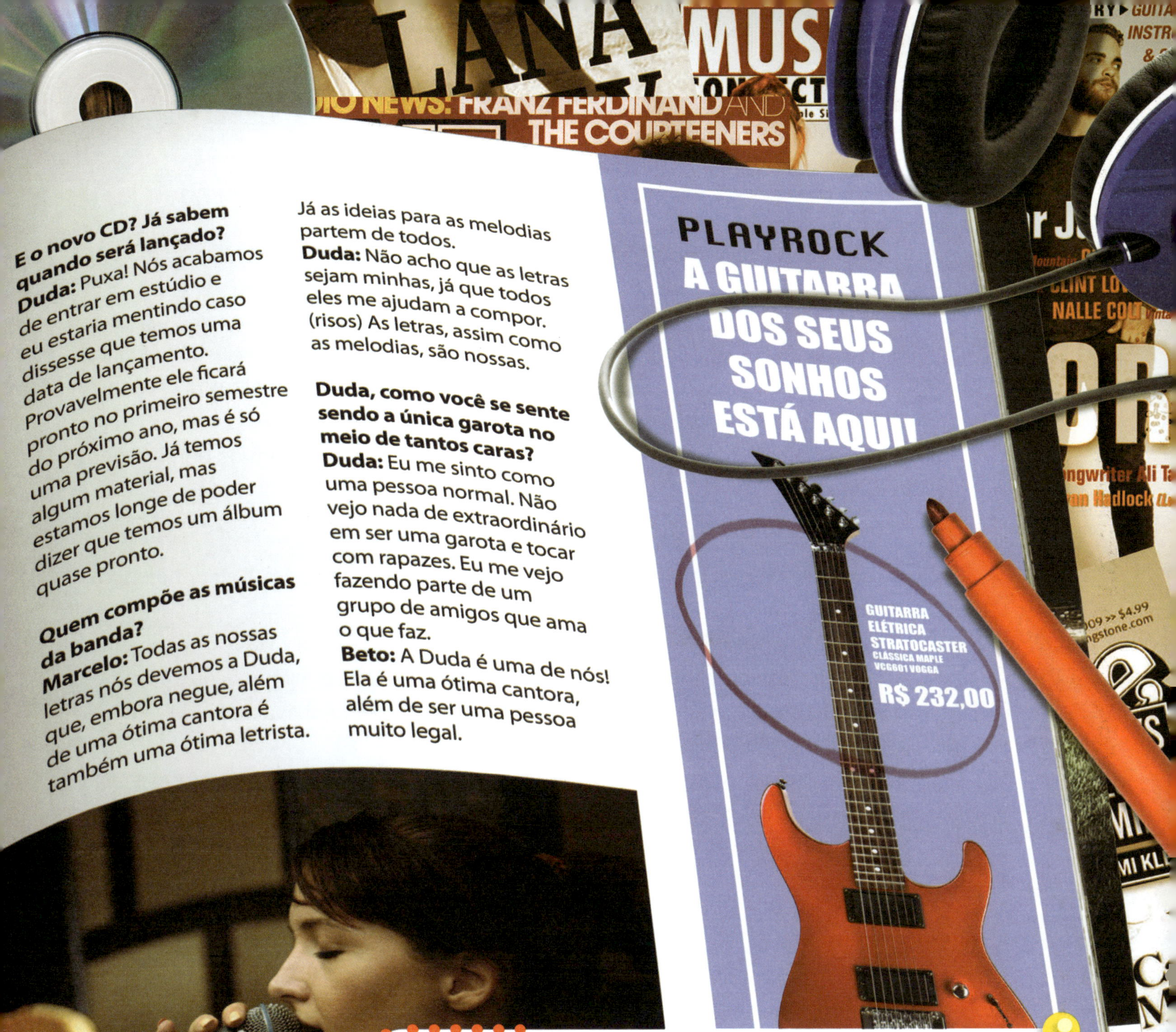

E o novo CD? Já sabem quando será lançado?
Duda: Puxa! Nós acabamos de entrar em estúdio e eu estaria mentindo caso dissesse que temos uma data de lançamento. Provavelmente ele ficará pronto no primeiro semestre do próximo ano, mas é só uma previsão. Já temos algum material, mas estamos longe de poder dizer que temos um álbum quase pronto.

Quem compõe as músicas da banda?
Marcelo: Todas as nossas letras nós devemos a Duda, que, embora negue, além de uma ótima cantora é também uma ótima letrista. Já as ideias para as melodias partem de todos.
Duda: Não acho que as letras sejam minhas, já que todos eles me ajudam a compor. (risos) As letras, assim como as melodias, são nossas.

Duda, como você se sente sendo a única garota no meio de tantos caras?
Duda: Eu me sinto como uma pessoa normal. Não vejo nada de extraordinário em ser uma garota e tocar com rapazes. Eu me vejo fazendo parte de um grupo de amigos que ama o que faz.
Beto: A Duda é uma de nós! Ela é uma ótima cantora, além de ser uma pessoa muito legal.

- Você costuma conversar com seus amigos sobre suas preferências musicais?
- Você é fã de alguma banda ou de algum artista?
- O que você faz quando quer saber mais sobre a vida dos seus ídolos?
- Se você fosse cantor, que estilo de música cantaria? Se fosse músico, qual instrumento você gostaria de tocar?

CAPÍTULO 4

VIVENDO DE MÚSICA

LEITURA 1

Você já precisou da ajuda de amigos para resolver um problema? Que tal compartilhar com a turma como foi essa experiência?

Leia o título do texto abaixo. Como você imagina que sejam os personagens desta história?

Os músicos de Bremen

Era uma vez um cão que sabia caçar coelhos como ninguém. Seu dono era muito exigente.

Quando o cão ficou velho, seu dono achou que ele não serviria mais para nada.

Levou o cão para uma floresta e o abandonou lá. O pobrezinho ficou apavorado.

Aí, apareceu um burro muito triste, que contou que apanhava muito de seu dono e, por isso, tinha fugido de casa.

Tornaram-se amigos e logo começaram a falar de música. O cão tocava tambor e o burro, flauta. Resolveram ir para a cidade de Bremen, onde havia uma orquestra municipal.

Adiante, encontraram um gato chorando. O gato contou que a sua dona o tratava muito mal e, por isso, tinha fugido de casa.

O cão e o burro convidaram o gato para ir com eles para Bremen. Muito feliz, o gato — que sabia tocar trombeta — juntou-se ao grupo.

De repente, encontraram um galo. Ele contou que estava escalado para ir para a panela. Como tinha uma voz boa, todos concordaram que ele poderia ser o vocalista do grupo.

Bremen: cidade localizada no norte da Alemanha.
orquestra: grande conjunto de músicos que tocam instrumentos, orientados por um regente.

Ao cair da noite, aproximaram-se de uma casinha que tinham visto de longe, no meio da floresta.

Chegando mais perto, ouviram umas vozes vindas de dentro da casa.

O gato foi escutar através de uma abertura na janela. Voltou e disse:

— Puxa! Quatro ladrões se escondem nesta casa.

Então, eles armaram um plano para expulsar os ladrões da casa.

Um saltou nas costas do outro: o cão subiu no burro, o gato ficou nas costas do cachorro e o galo, em cima do gato.

Assim, eles pareciam uma figura monstruosa, que dava medo. Então, foram em direção da casa, gritando, todos ao mesmo tempo.

Os ladrões levaram um tremendo susto! Achando que um monstro atacara a casa, saíram correndo. Então, tomaram posse da casa e dormiram tranquilos, a noite toda.

Na manhã seguinte, fizeram um bom café, pois conseguiram encontrar tudo nas vizinhanças, e resolveram passar o dia ali. O outro também. Então eles conversaram e decidiram formar uma orquestra ali mesmo, na floresta, longe de Bremen. E viveram muito felizes assim.

As mais belas histórias de boa noite, textos organizados e adaptados por Cristina Marques e Roberto Belli. Blumenau: Todolivro, 2012. p. 74-77.

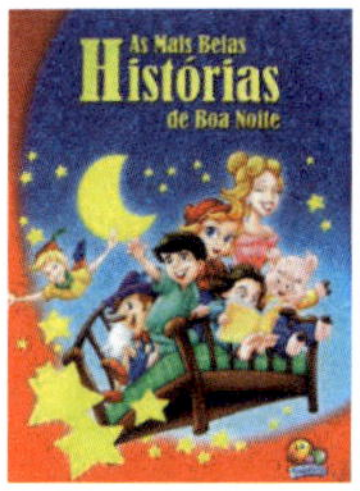

Reprodução/Ed. Todolivro

Antes de ler a história, você imaginou que os músicos fossem animais? Por quê?

Hagaquezart Estúdio/Arquivo da editora

ATIVIDADES

1 O texto que você leu começa com a expressão "Era uma vez...".

a) Quando as histórias começam desse modo, que personagens costumam aparecer?

____

____

b) Você conhece outras histórias que também começam com essa expressão? Quais?

____

____

c) Que personagens aparecem em **Os músicos de Bremen**?

____

2 O cão é o primeiro personagem a aparecer na história. Por que ele estava apavorado?

____

____

3 Antes de se encontrarem na floresta, os outros animais viviam felizes? Por quê?

____

____

____

4 O que levou cada um dos animais a se encontrar na floresta? O que eles decidiram fazer depois que se encontraram?

Hagaquezart Estúdio/Arquivo da editora

5 O que todos os bichos dessa história têm em comum?

____

____

6 Em sua opinião, foi importante para os personagens do conto o fato de eles terem se encontrado? Por quê?

7 A história **Os músicos de Bremen** é contada por um dos personagens? Explique.

____

____

____

> **Narrador** é aquele que narra ou conta uma história. Ele pode ser um personagem ou apenas contar os fatos.
>
> Nos contos maravilhosos, geralmente, o narrador conta a história sem participar dela, ou seja, não é um personagem.

8 Qual é o momento de maior tensão ou suspense nessa história? Por quê?

____

____

____

____

> Os contos maravilhosos, assim como outras narrativas, costumam apresentar um momento especial, em que há uma maior tensão, a partir do qual muita coisa se decide na história. Esse momento é chamado de **clímax**.

9 Você acha que essa história traz alguma mensagem positiva? Explique.

____

____

MERGULHO NA ESCRITA GRAMÁTICA

Dois-pontos, travessão e aspas

1 Releia um trecho do conto.

Ao cair da noite, aproximaram-se de uma casinha que tinham visto de longe, no meio da floresta.

Chegando mais perto, ouviram umas vozes vindas de dentro da casa.

O gato foi escutar através de uma abertura na janela. Voltou e disse:

— Puxa! Quatro ladrões se escondem nesta casa.

Hagaquezart Estúdio/Arquivo da editora

a) Copie abaixo a fala do gato.

____

____

b) Assinale com um **X** o nome do sinal de pontuação utilizado para indicar o início dessa fala.

☐ Travessão ☐ Dois-pontos

c) Com que sinal terminou o parágrafo anterior a essa fala? Dois-pontos ou ponto-final?

____

Quando escrevemos, não contamos com a voz ou com o corpo para nos ajudar a dizer o que queremos. Quando duas pessoas falam, por exemplo, sabemos quem está falando porque diferenciamos o som das vozes. Quando escrevemos o que as pessoas falam, é preciso indicar isso com **sinais de pontuação**.

2 Leia o início do conto **Cinderela**.

Era uma vez uma menina meiga e carinhosa. A mãe dessa menina ficou muito doente e, antes de morrer, ela disse à filha: "Se você for boazinha, querida, sempre será protegida".

Contos de princesas, de Su Blackwell. Tradução de Monica Stahel. São Paulo: WMF Martins Fontes, 2012.

- A fala da mãe da Cinderela é indicada por travessão? Como sabemos onde começa e onde termina a fala dela? Explique.

____

____

____

O **travessão** geralmente é utilizado para indicar o início de uma fala. Muitas vezes, o parágrafo anterior a essa fala termina com **dois-pontos**. Podemos também, em vez de usar travessão para indicar uma fala, colocar essa fala entre **aspas**.

3 Os trechos abaixo formam uma piada, mas estão embaralhados e a pontuação está incompleta. Reúna-se com um colega e descubram, pelo sentido, a ordem das partes. Depois, reescrevam a piada com a pontuação adequada.

A baleia, apesar de parecer um peixe enorme, é um mamífero e se alimenta de sardinhas	Muito pensativo, um aluno levantou a mão e perguntou
Na sala de aula a professora falava	Professora, como é que ela abre as latinhas

____

____

____

____

____

____

MERGULHO NA ESCRITA ORTOGRAFIA

Palavras terminadas em l e u

Simone Ziasch/Arquivo da editora

1 Releia um trecho do conto **Os músicos de Bremen**.

> O gato **contou** que a sua dona o tratava muito **mal** e, por isso, tinha fugido de casa.

- Agora leia as palavras em destaque em voz alta. Você sabia que, para grande parte dos brasileiros, as letras **l** e **u**, quando estão em final de palavra, representam som semelhante? Na região onde você mora, o final dessas palavras também é pronunciado de modo parecido?

2 Descubra se as palavras do quadro terminam com **l** ou **u** e use-as para completar a cruzadinha.

Seis letras	Sete letras	Oito letras
canto★	futebo★	girasso★
deito★	caraco★	~~levant★~~

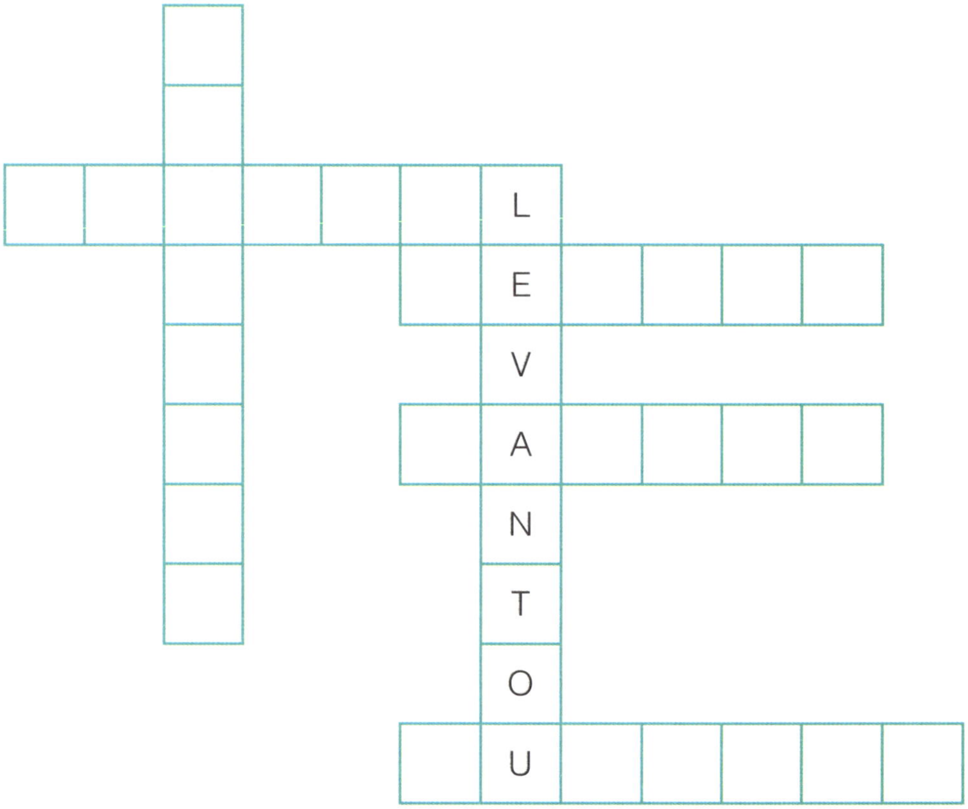

3 Leia as palavras do quadro e, em seguida, assinale com um **X** apenas as afirmações corretas.

	partiu	mingau	choveu	falou	mau
sumiu	latiu	berimbau	barril	chapéu	mel

- [ ] Todos os verbos terminam com **u**.
- [ ] Todos os substantivos terminam com **l**.
- [ ] As palavras escritas com **l** poderiam ser escritas com **u** sem que o sentido fosse alterado.
- [ ] Há substantivos que terminam com **l** e substantivos que terminam com **u**.

4 Complete as palavras dos quadros com **l** ou **u**.

corre____	fingi____
canto____	mexe____
dormi____	sumi____

cé____	banana____
pape____	funi____
degra____	túne____

5 Qual é a diferença entre as palavras do primeiro e do segundo quadro da atividade anterior?

____

____

____

____

> Os verbos regulares escritos no pretérito perfeito simples do indicativo, ou seja, no passado, sempre terminam com **u**. Os substantivos podem terminar com **u** ou com **l**. Sempre que ficar em dúvida em relação à escrita correta das palavras, consulte um dicionário.

Estúdio Ornitorrinco/Arquivo da editora

LEITURA 2

Leia o título e observe a imagem do texto abaixo. Em sua opinião, qual é o assunto deste texto?

Você toca ou tem vontade de aprender a tocar algum instrumento musical?

Você faz parte ou gostaria de fazer parte de alguma banda?

Bate-papo com a banda Mini Attack

Por Natália Mazzoni

O **Estadinho** desta semana falou sobre como montar uma banda. A galera da Mini Attack conversou com a gente e falou mais sobre isso. Eles contam como montaram a banda, como fazem as músicas e dão dicas para você fazer as suas.

Estadinho: Como vocês montaram a Mini Attack?

Molly: Eu estava cantando em um concerto quando Raul, pai de Jacob, me viu e disse que um dia ele gostaria de me ver cantando com seus dois meninos. Dois anos mais tarde, eles sugeriram que eu fosse para um estúdio cantar com eles. Então, nós fizemos a banda e montamos um concerto na escola.

Como vocês escrevem as canções?

Raul: Nós escrevemos a canção *Gotta Rock Like This* enquanto estávamos na Espanha, em um carro, indo para uma praia. A canção é sobre o sentimento que você tem quando está em férias. Nós escrevemos a letra primeiro e depois vieram os tambores.

Jacob: Às vezes, eu e meu irmão tocamos juntos e depois pedimos para a Molly cantar por cima e, em seguida, ela trabalha fora uma melodia. Depois, juntamos a letra e a melodia.

Molly Hardwick, Raul e Jacob Gibson, de 11 anos, são os integrantes da banda inglesa Mini Attack.

O que tem de mais legal em fazer músicas e montar uma banda?

Molly: Bem, você pode realmente experimentar. Se está chateado, você pode fazer uma música sobre isso. Você pode realmente expressar como está se sentindo.

Raul: Eu gosto da sensação de tocar música e divertir as pessoas.

Jacob: Eu gosto muito de trabalhar numa música e de depois poder mostrá-la para as pessoas.

Vocês têm planos para viajar com a banda?

Molly: Nós queríamos ir para Londres. Esperamos ir para muitos lugares.

Jacob: Sim, nós realmente queremos, talvez América ou Paris.

Raul: Eu quero ir para Paris e, no futuro, talvez Nova York.

Quais são seus ídolos na música?

Molly: Adele e Ed Sheeran.

Jacob: Flea, do Red Hot Chilli Peppers, Larry Graham, Jaco Pastorius e James Brown.

Raul: Steve Gadd, ele é um baterista incrível, Chad Smith, do Chilli Peppers, Buddy Rich, e eu também gosto de Beastie Boys.

Quais são suas dicas para começar uma banda?

Molly: Você tem que amar música e encontrar pessoas que trabalham bem com você.

Raul: O primeiro e mais importante é ter bons amigos. Juntos, vocês podem sentir qual é o som de que gostam e como se sentem fazendo música.

Jacob: Ouça várias bandas para ter ideias e pensar sobre o tipo de música que você quer fazer. Depois, chame alguns amigos que toquem instrumentos. Pratiquem muito e tentem tocar músicas difíceis, vocês vão conseguir com o tempo.

Hagaquezart Estúdio/Arquivo da editora

Blog do Estadinho, suplemento do jornal **O Estado de S. Paulo.** Disponível em: <http://blogs.estadao.com.br/estadinho/2013/ 01/15/bate-papo-com-a-banda-mini-attack/?doing_wp_cron=1362510201.1261498928070068359375>. Acesso em: 10 fev. 2016.

Reprodução/<http://blogs.estadao.com.br/estadinho/>

Onde a entrevista foi publicada? Você acha que essa entrevista interessa mais a crianças e adolescentes ou a adultos? Por quê?

ATIVIDADES

1 Segundo a entrevista que você leu, como foi formada a banda Mini Attack? Assinale com um **X** a resposta correta.

☐ O pai de dois integrantes da banda convidou Molly para cantar com os filhos.

☐ A banda se formou durante uma viagem das crianças à praia.

2 Assinale a opção que indica a opinião que os integrantes da banda têm a respeito de fazer música.

a) Para Raul, a música serve para:

☐ expressar o que está sentindo.

☐ divertir as pessoas.

☐ mostrar para as pessoas.

b) Para Molly, fazer música:

☐ possibilita que alguém expresse o que sente.

☐ permite ao músico ir para Londres.

☐ possibilita que as pessoas gostem de uma banda.

Estúdio Mil/ Arquivo da editora

3 Quem entrevistou os integrantes da banda?

____

____

4 Na entrevista, as falas dos entrevistados são indicadas do mesmo modo que as falas dos personagens do conto **Os músicos de Bremen**? Por quê?

____

____

____

____

5 Imagine que você foi convidado para colaborar na realização dessa entrevista. Que outras perguntas você gostaria de fazer à banda Mini Attack?

6 Os integrantes da Mini Attack deram dicas para formar uma banda. De qual delas você gostou mais? Por quê?

7 Londres, Paris e Nova York são alguns lugares que os integrantes da banda sonham visitar. Você sabe em quais países ficam essas cidades? Você já visitou ou gostaria de visitar esses lugares? Por quê?

8 Desafio: há algo em comum, além de serem músicos, entre os personagens do conto **Os músicos de Bremen** e os integrantes da banda Mini Attack. O que é? Assinale com um **X** a resposta correta.

- [ ] Todos reclamam de não terem sorte na vida.
- [ ] Todos se unem em torno de um objetivo.
- [ ] Todos trabalham para ganhar muito dinheiro.

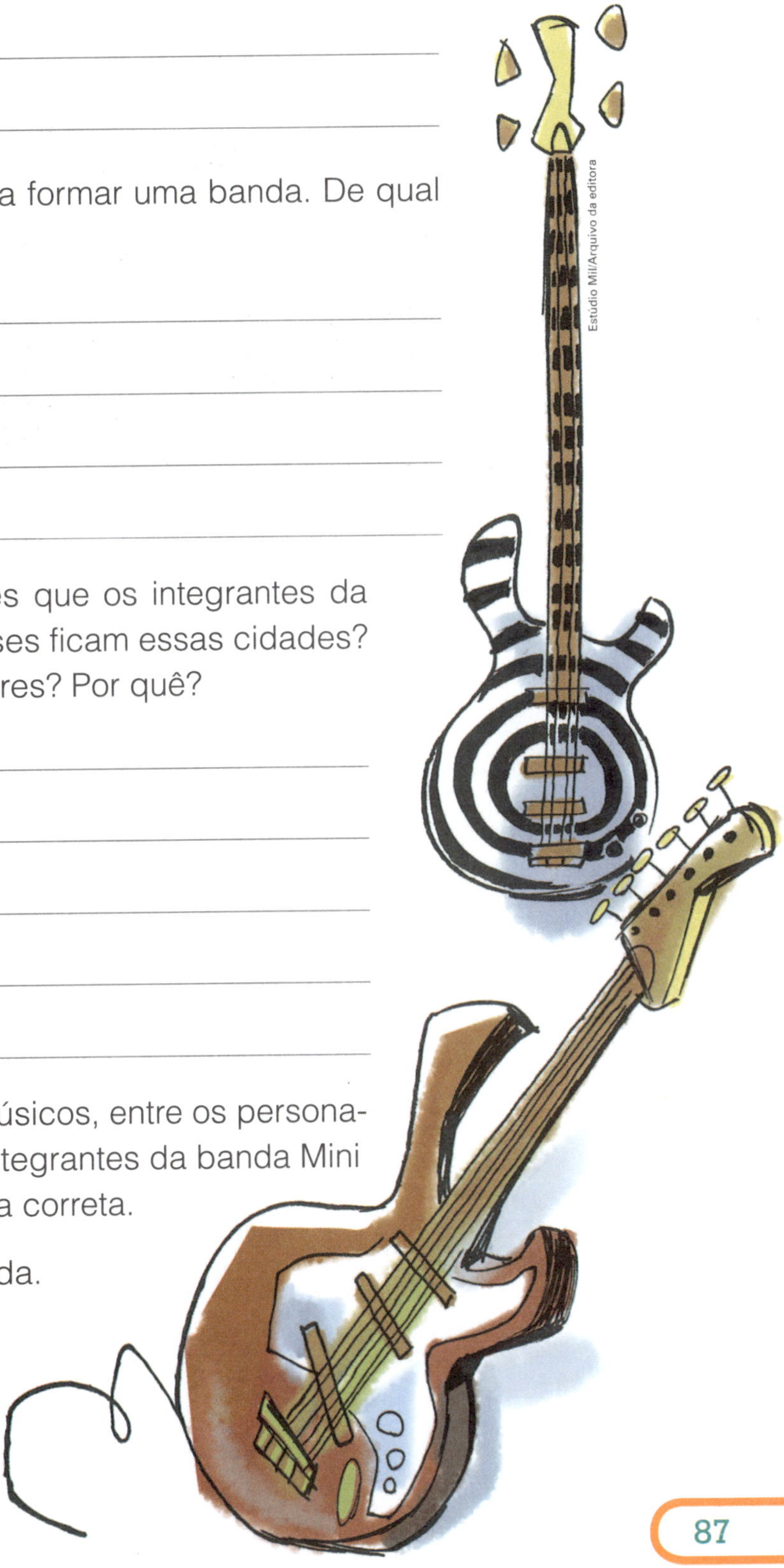

Estúdio Mil/Arquivo da editora

MERGULHO NA ESCRITA GRAMÁTICA

Substantivo coletivo

1 Você leu a entrevista de uma banda. A palavra **banda** é um substantivo coletivo que designa um conjunto de músicos. Escreva o nome dos elementos que são designados pelos substantivos coletivos abaixo, conforme o exemplo.

Vira Mylyan-Monastyrska/Shutterstock/Glow Images

banda → músicos

Cynoclub/Shutterstock/Glow Images

matilha → ______

Sbarabu/Shutterstock/Glow Images

cacho → ______

Daniel Korzeniewski/Shutterstock/Glow Images

buquê → ______

2 De acordo com o que você observou na atividade anterior, escreva **V** para as afirmações verdadeiras e **F** para as falsas.

- ☐ Todas as respostas da atividade são substantivos, pois nomeiam seres ou coisas.
- ☐ Os substantivos coletivos nomeiam um conjunto de vários seres ou coisas.
- ☐ As respostas da atividade 1 eram substantivos femininos.

Substantivo coletivo é um único substantivo utilizado para nomear um conjunto de coisas ou seres da mesma espécie.

3 Neste quadro existem três substantivos. Encontre-os e utilize-os para completar as frases.

A	G	A	G	M	P	S	A	O	B	O	M	S	Q	A	L	P
Z	E	Q	B	R	F	O	O	M	R	A	W	I	I	X	O	R
Y	R	M	B	E	V	I	A	J	A	N	T	E	S	R	B	U
G	O	P	U	Q	U	D	A	U	G	J	Y	E	B	I	O	S
A	N	E	L	E	F	A	N	T	E	S	H	B	C	N	S	P
L	A	R	I	T	T	W	X	T	R	R	H	D	S	A	O	Z

Ron Hilton/Shutterstock/ Glow Images

Alcateia é o coletivo de ______________________.

Jenny Matthews/Alamy/ Glow Images

Caravana é o coletivo de ____________________.

David Steele/Shutterstock/ Glow Images

Manada é o coletivo de ______________________.

4 Faça uma pesquisa e escreva, em seu caderno, uma lista de substantivos coletivos. Depois, reúna-se com um colega e veja se há algum substantivo coletivo que deve ser acrescentado à sua lista.

ENTENDER AS PALAVRAS: DICIONÁRIO

As palavras meio e meia

1. Pesquise em um dicionário os significados das palavras **meio** e **meia**. Depois, relacione-os corretamente.

meio	Peça de vestuário para os pés.
meia	Um pouco, parcialmente.

2. Leia as frases abaixo e responda: com qual sentido as palavras **meio** e **meia** são usadas nessas duas frases?

Ele bebeu **meio** litro de água.

Ele pediu **meia** dúzia de bananas.

____

____

3. Considere o que você viu nas atividades anteriores e assinale com um **X** a frase que melhor descreve a menina representada ao lado.

Hagaquezart Estúdio/Arquivo da editora

- [ ] A menina parece meio triste.
- [ ] A menina parece meia triste.

• Outra maneira de dizer isso seria:

- [ ] Metade da menina está triste.
- [ ] A menina está um pouco triste.

As palavras **meio** e **meia** concordam com o substantivo quando indicam **metade**. Exemplos:

O menino correu ***meio*** *quilômetro.*

Ele comeu ***meia*** *tigela de açaí.*

Quando significa **um pouco** ou **parcialmente**, a palavra **meio** permanece no masculino. Exemplos:

Ele está ***meio*** *abatido.*

A menina está ***meio*** *cansada.*

4. Observe o uso das palavras **meio** e **meia** e assinale com um **X** apenas a alternativa correta para cada situação abaixo.

a) Se você quisesse pedir uma *pizza*, deveria dizer:

- [ ] — Por favor, senhor, quero uma *pizza* grande: meio muçarela, meio atum.
- [ ] — Por favor, senhor, quero uma *pizza* grande: meia muçarela, meia atum.

b) Quando o entregador chegou com a *pizza*, disse: "Infelizmente, a *pizza* está **meio** fria". Isso quer dizer que:

- [ ] Metade da *pizza* estava fria e metade da pizza estava quente.
- [ ] A *pizza* inteira estava um pouco fria.

5. Complete as frases abaixo com as palavras **meio** ou **meia**. Se precisar, consulte o dicionário.

a) Rogério estava com frio, por isso calçou a ______________________.

b) Denise ficou ______________________ insatisfeita quando soube o resultado da prova.

c) Gabriela deixou o quarto ______________________ bagunçado.

d) João comeu ______________________ travessa de lasanha.

e) Meu pai não tem direito a ______________________-entrada.

Hagaquezart Estúdio/Arquivo da editora

MEUS TEXTOS

Entrevista

Estúdio Mil/Arquivo da editora

Neste capítulo, você leu a história dos músicos de Bremen e leu a entrevista da banda Mini Attack. Agora é sua vez de produzir um texto sobre o universo da música!

Você conhece alguém que estuda música, tem ou teve uma banda ou já tocou um instrumento? Que tal entrevistar essa pessoa e expor a entrevista no mural da escola? Reúna-se com alguns colegas e, seguindo o planejamento, preparem-se para serem jornalistas por alguns momentos.

Planejamento

1 Escolham quem será o entrevistado e agendem a entrevista.

- Pensem em quem será o entrevistado: pode ser alguém da família, um conhecido ou um colega da escola. Depois de definirem quem será a pessoa, convidem-na e agradeçam o fato de ela aceitar o convite.
- Marquem com o entrevistado o local, o dia e o horário para a realização da entrevista. É importante informá-lo também qual é a previsão de duração da entrevista.

2 Elaborem um roteiro para a entrevista.

- Preparem um roteiro das perguntas a serem feitas. Para isso, pesquisem sobre o que conversar com o entrevistado, levando em conta o que ele faz. Por exemplo, se ele toca ou tocou guitarra, como é esse instrumento, os estilos musicais a que ele se dedica ou se dedicou, etc. Planejem poucas questões, todas curtas e objetivas.
- Ao elaborar esse roteiro, lembrem-se: a entrevista vai ser exposta no mural da escola; portanto, tentem imaginar as perguntas que outros alunos, professores e funcionários da escola gostariam de fazer a esse entrevistado.
- Se possível, gravem a entrevista; assim, vocês conseguirão ouvi-la novamente. Se não for possível, anotem as respostas.
- No momento da entrevista, ouçam com atenção as respostas do entrevistado e eliminem do roteiro o que já foi respondido. Dependendo das respostas, vocês também poderão criar perguntas que não estavam no planejamento. No final, agradeçam a participação do entrevistado.

Rascunho

3 Selecionem e escrevam em uma folha à parte os trechos mais interessantes da entrevista, com as respostas que mais possam interessar aos leitores do mural da escola. Depois, sigam estas etapas.

- Caso a entrevista tenha sido gravada, ouçam várias vezes a gravação, procurando eliminar na transcrição as hesitações e as repetições que acontecem quando falamos. Se houver alguma dúvida sobre a grafia correta das palavras, consultem um dicionário.
- Produzam, com as informações sobre o entrevistado, um parágrafo apresentando essa pessoa: quem é, qual é sua relação com o mundo da música, etc. Esse texto deve ser escrito no início da entrevista, para que os leitores do mural conheçam o entrevistado.
- Pensem também em um bom título para a entrevista para atrair a atenção dos leitores do mural da escola. Se possível, peçam ao entrevistado uma fotografia para colar ao lado do texto, na versão final, ou façam uma ilustração que o represente.

Revisão

4 Antes de escrever a versão final da entrevista, façam a revisão do texto utilizando o seguinte quadro.

	Sim	Preciso fazer/refazer
O parágrafo inicial apresenta o entrevistado?		
Os trechos de pergunta e resposta estão claros para o leitor?		
Na transcrição das respostas do entrevistado foram eliminadas as hesitações ou repetições da fala?		
As dúvidas sobre a grafia correta das palavras foram esclarecidas com a ajuda do dicionário?		

Meu texto

Façam a versão final da entrevista, ajustando o que for necessário. Não se esqueçam de colar a fotografia do entrevistado ou de ilustrá-lo. Quando a entrevista estiver pronta, peçam ajuda ao professor para colocá-la no mural da sua escola.

ATIVIDADES DO CAPÍTULO

1. Você leu neste capítulo o conto **Os músicos de Bremen** e viu que um conto é uma história curta que tem personagens e clímax. Pense agora em algum outro conto que você conheça e de que goste muito.

a) Quais são os personagens desse conto?

____

____

b) Qual é o momento de maior tensão desse conto?

____

____

____

2. Leia esta tirinha e responda às questões a seguir.

Disponível em: <www.monica.com.br/comics/tirinhas/tira226.htm>. Acesso em: 1º jun. 2013.

a) Escreva a fala da Mônica como se fizesse parte de um conto, sem o balão de fala. Use a pontuação adequada.

____

____

b) Quais sinais de pontuação você usou para indicar a fala da Mônica?

____

3. Complete as palavras do quadro com **l** ou **u** e depois utilize-as para completar os ditados populares.

tempora______	morre______	pa______	curra______

a) Quando se aproxima ________________, gado se junta no ________________.

b) Em casa de ferreiro, o espeto é de ________________.

c) O seguro ________________ de velho.

4. Escreva **V** para as afirmações verdadeiras e **F** para as falsas em relação ao gênero textual entrevista.

☐ As entrevistas apresentam perguntas feitas pelo entrevistador e respostas dadas pelo entrevistado.

☐ As hesitações e repetições de fala do entrevistado também devem ser transcritas.

☐ As entrevistas podem ser publicadas em jornais e revistas.

☐ É possível obter informações sobre determinado artista pela leitura de uma entrevista.

5. Ligue o nome dos animais aos substantivos coletivos correspondentes. Se precisar, consulte o dicionário.

carneiros	cardume
bois	boiada
peixes	rebanho

6. Complete as frases com **meio** ou **meia**.

a) Ela usou ________________ xícara de arroz na receita.

b) Juliana estava ________________ preocupada, pois precisava fazer o dever de casa.

c) Estava tão frio que ela calçou uma ________________.

d) Eles conversaram ________________ apressados, pois precisavam voltar para casa.

LEITURA DE IMAGEM

Todo animal precisa de cuidados

Quem decide ter um animal deve saber que ele precisa de cuidados, além da alimentação. Mas será que todo mundo que decide criar um animal sabe disso? Você já ouviu ou leu alguma notícia sobre animais maltratados? Você sabia que existem leis que protegem os animais?

Observe

Cesar Diniz/Pulsar Imagens

Jumento ao lado de rodovia na região de Vitória da Conquista, no estado da Bahia.

Darcy Wilson/Flickr RF/Getty Images

Cão em rua movimentada.

Analise

1. Observe onde está o animal da fotografia 1. Ele está em local seguro ou está em situação de risco? Por quê?

____

____

____

____

2. Agora observe a fotografia 2. O cachorro está em situação de risco? Por quê?

____

____

____

____

3. Assinale com um **X** apenas a afirmação correta sobre a fotografia 2.

- [ ] Ao realizar a foto, o fotógrafo destaca o animal, posicionando-se na mesma altura do alvo fotografado e tira a foto como se fosse vista de frente.
- [ ] Ao realizar a foto, o fotógrafo destaca o ambiente, posicionando-se acima do alvo fotografado, e tira a foto como se fosse vista de cima para baixo.

Relacione

4. Quem tem um animal em casa precisa saber como cuidar dele. Converse com os colegas sobre alguns dos cuidados que devemos ter com os animais domésticos e, depois, relacione-os a seguir.

____

____

____

____

CAPÍTULO 5

VAMOS CANTAR!

LEITURA 1

Você vai ler um texto sobre o Sol e a Lua. O que você imagina que escreveram sobre eles?

Agora observe a disposição do texto nas páginas. Você é capaz de dizer qual é o gênero deste texto?

Andrea Ebert/Arquivo da editora

O Sol e a Lua

O Sol pediu a Lua em casamento
Disse que já a amava há muito tempo
Desde a época dos dinossauros,
Pterodátilos, tiranossauros...
Quando nem existia a bicicleta
Nem o velotrol, nem a motocicleta
Mas a Lua achou aquilo tão estranho
Uma bola quente que nem toma banho!

Imagine só! Tenha dó!
Pois meu coração não pertence a ninguém
Sou a inspiração de todos os casais,
Dos grandes poetas aos mais normais
Sai pra lá, rapaz!

pterodátilo: réptil voador do período Jurássico Superior, caracterizado por um longo bico cheio de pequenos dentes.

tiranossauro: é um gênero de dinossauro do período Cretáceo, caracterizado por ter braços pequenos e finos com apenas dois dedos.

velotrol: triciclo infantil.

O Sol pediu a Lua em casamento
E a Lua disse:
“Não sei, não sei, não sei
Me dá um tempo”.

O Sol pediu a Lua em casamento
E a Lua disse:
“Não sei, não sei, não sei
Me dá um tempo”.

E 24 horas depois o Sol nasceu,
A Lua se pôs e...

O Sol pediu a Lua em casamento
E a Lua disse:
“Não sei, não sei, não sei
Me dá um tempo”.

E o Sol congelou seu coração.

Mas o astro-rei
Com todos os seus planetas,
Cometas, asteroides,
Terra, Marte, Vênus, Netunos e Uranos
Foi se apaixonar justo por ela,
Que o despreza e o deixa esperar.

Andrea Ebert/Arquivo da editora

asteroide: pequeno corpo rochoso de estrutura metálica, parecido com uma estrela, que orbita em torno do Sol.

Andrea Ebert/Arquivo da editora

Acontece que o Sol não se conformou
Foi pedir ao Vento para lhe ajudar
Mas o Vento nem sequer parou
Pois não tinha tempo para conversar.
O Sol sem saber mais o que fazer
Com tanto amor pra dar,
Começou a chorar
E a derreter
Começou a chover e a molhar
E a escurecer.

O Sol pediu a Lua em casamento
E a Lua disse:
"Não sei, não sei, não sei
Me dá um tempo".

O Sol pediu a Lua em casamento
E a Lua disse:
"Não sei, não sei, não sei
Me dá um tempo".

E 24 horas se passaram e outra vez o Sol se pôs, a
Lua nasceu
E de novo e de novo e de novo...

O Sol pediu a Lua em casamento,
E a Lua disse:
"Não sei, não sei, não sei
Me dá um tempo".

E o Sol congelou seu coração.

Se a Lua não te quer, tudo bem
Você é lindo, cara
E seu brilho vai muito mais além
Um dia você vai encontrar alguém
Que com certeza vai te amar também.

Andrea Ebert/Arquivo da editora

Reprodução/AMZ Mídia

O Sol e a Lua, de Antonio Pinto e Taciana Barros. **Pequeno Cidadão**, da banda Pequeno Cidadão. São Paulo: Ambulante Estúdio, 2009.

Em 2008, ao decidirem gravar com seus filhos, os músicos Antonio Pinto, Arnaldo Antunes, Edgard Scandurra e Taciana Barros formaram a banda **Pequeno Cidadão**. Um ano depois, eles lançaram um álbum de mesmo nome, do qual a canção **O Sol e a Lua** faz parte.

Marcelo Tinoco/Arquivo da editora

Antes de ler a letra dessa canção, você imaginou que o Sol pediria a Lua em casamento?

Você gostou dessa letra de canção? Por quê?

ATIVIDADES

1 Durante a leitura, você imaginou que a Lua fosse casar com o Sol? O que você achou da decisão da Lua?

____

____

2 A disposição da letra de canção na página é semelhante à de outro gênero textual. Que gênero é esse? Assinale com um **X** a resposta correta.

☐ poema ☐ conto de fadas ☐ anúncio publicitário

3 Em quantas estrofes está organizada a letra da canção **O Sol e a Lua**? Todas as estrofes têm o mesmo número de versos?

____

____

4 Em qual estrofe o Sol pede a Lua em casamento pela primeira vez?

____

____

5 Ao negar o pedido de casamento do Sol pela primeira vez, a Lua diz que:

☐ já tem namorado.

☐ o coração dela não é de ninguém.

☐ não pode se casar com ele porque nunca o encontra.

6 Na segunda vez que o Sol pede a Lua em casamento, o que ela responde?

____

____

____

7 Você já sabe que uma letra de canção parece um poema. Mas qual é a diferença fundamental entre esses gêneros textuais?

8 Em sua opinião, por que a estrofe reproduzida abaixo se repete várias vezes?

O Sol pediu a Lua em casamento/E a Lua disse: "Não sei, não sei, não sei/
Me dá um tempo".

____

____

____

9 Sobre a letra de canção que você leu, escreva **V** para as afirmações verdadeiras e **F** para as falsas.

- [ ] A letra de canção conta a história do casamento entre o Sol e a Lua.
- [ ] O Sol, apaixonado, abre seu coração e pede a Lua em casamento.
- [ ] A Lua não se decide e adia a decisão de aceitar ou não o pedido do Sol.
- [ ] O Sol é aconselhado a seguir com sua vida adiante.

10 Releia a primeira estrofe da letra de canção **O Sol e a Lua**.

O Sol pediu a Lua em casamento
Disse que já a amava há muito tempo
Desde a época dos dinossauros,
Pterodátilos, tiranossauros...
Quando nem existia a bicicleta
Nem o velotrol, nem a motocicleta
Mas a Lua achou aquilo tão estranho
Uma bola quente que nem toma banho!

Fabiana Shizue/Arquivo da editora

a) Sublinhe com cores diferentes cada par de rimas desta estrofe.

b) Agora volte ao texto e releia as demais estrofes dessa letra de canção. As rimas seguem o mesmo padrão das rimas da primeira estrofe?

As **letras de canção** costumam ter **versos** organizados em **estrofes**. Os **versos** muitas vezes apresentam **rimas**, que ajudam a construir a musicalidade da canção.

MERGULHO NA ESCRITA GRAMÁTICA

Adjetivo

1 A letra de canção que você leu conta uma história que envolve o Sol e a Lua. No quadro abaixo, quais palavras podem ser relacionadas ao Sol e quais podem ser relacionadas à Lua? Copie-as nas colunas corretas.

amarelo	branca	indecisa	lindo	apaixonado	inspiradora

Sol	Lua

- Se você não tivesse lido a letra de canção, conseguiria deduzir quais características estão relacionadas ao Sol e quais estão relacionadas à Lua? Por quê?

Os **adjetivos** são palavras que caracterizam os substantivos.

Quando o substantivo está no masculino, o adjetivo também fica no masculino. Exemplo:

*O sol é **lindo**.*

Quando o substantivo está no feminino, o adjetivo também fica no feminino. Exemplo:

*A Lua é **inspiradora**.*

2 Escreva adjetivos para o animal da imagem ao lado.

___

___

___

___

Eric Isselee/Shutterstock/Glow Images

3 Escreva uma frase para cada um destes adjetivos: **capaz**, **competente** e **feliz**.

______

______

______

- Os adjetivos que você usou caracterizam substantivos femininos ou masculinos?

______

Há adjetivos que têm apenas uma forma para o masculino e para o feminino. Exemplos: *Ele é muito gentil./Ela é muito gentil.*

4 Releia os seguintes versos da letra de canção **O Sol e a Lua**.

Sou a inspiração de todos os casais,
Dos **grandes** poetas aos mais **normais**

a) Os adjetivos destacados estão relacionados a qual palavra?

______

b) Reescreva o segundo verso colocando o substantivo **poetas** no singular. Que outras palavras precisam ser passadas para o singular também?

______

______

Quando o substantivo está no singular, o adjetivo também fica no singular. Quando o substantivo está no plural, o adjetivo também fica no plural. Exemplos: *O cachorro é dócil./ Os cachorros são dóceis.*

5 Complete o texto a seguir.

O nome da banda que interpreta a canção **O Sol e a Lua** é ______ ______. Se esse nome fosse passado para o plural, ele seria ______.

MERGULHO NA ESCRITA ORTOGRAFIA

Sílaba tônica

1 Releia a segunda estrofe da letra da canção **O Sol e a Lua** e complete a tabela com as palavras destacadas conforme o exemplo.

> **Imagine** só! Tenha dó!
> Pois meu **coração** não pertence a ninguém
> Sou a inspiração de **todos** os **casais**,
> Dos **grandes poetas** aos mais normais
> Sai pra lá, rapaz!

Palavras do texto	Separação das sílabas	Sílaba mais forte
imagine	i - ma - gi - ne	gi

Estúdio Ornitorrinco/Arquivo da editora

a) A sílaba mais forte das palavras **coração** e **casais** é a:

- ☐ última.
- ☐ penúltima.
- ☐ antepenúltima.

b) A sílaba mais forte das palavras **imagine**, **todos**, **grandes** e **poetas** é a:

- ☐ última.
- ☐ penúltima.
- ☐ antepenúltima.

2 Observe novamente a capa do CD do qual faz parte a canção **O Sol e a Lua**.

a) Separe as sílabas do nome do CD e circule a sílaba mais forte de cada uma das palavras.

____

____

Reprodução/AMZ Mídia

b) Complete:

- Na palavra **pequeno**, a sílaba mais forte é a _______________.
- Na palavra **cidadão**, a sílaba mais forte é a _______________.

A sílaba mais forte de uma palavra é conhecida como **sílaba tônica**. Conforme a posição da sílaba tônica, a palavra pode ser:

- **oxítona**: quando a sílaba tônica é a última. Exemplo: ca**fé**.
- **paroxítona**: quando a sílaba tônica é a penúltima. Exemplo: piru**li**to.
- **proparoxítona**: quando a sílaba tônica é a antepenúltima. Exemplo: **ó**culos.

3 Circule a sílaba mais forte das palavras do quadro. Depois, distribua-as corretamente nas colunas abaixo.

Sol | asteroide | Vênus | Júpiter | satélite
Plutão | Saturno | órbita | céu

Palavras oxítonas	Palavras paroxítonas	Palavras proparoxítonas

LEITURA 2

Arnaldo Antunes é um dos integrantes da banda **Pequeno Cidadão**. Você sabe algo sobre a vida dele?

Arnaldo Antunes

Ilustrações: Filipe Rocha/Arquivo da editora

1960

Arnaldo Augusto Nora Antunes Filho nasce no dia 2 de setembro, em São Paulo (SP), Brasil, filho de Arnaldo Augusto Nora Antunes e Dora Leme Ferreira Antunes. Arnaldo é o quarto dos sete filhos do casal.

1967

Começa a torcer para o Santos Futebol Clube (torce até hoje).

1973

Passa a gostar de ir à escola e a ter interesse pelas linguagens artísticas de forma geral.

1975

Entra no Colégio Equipe, que desenvolve forte trabalho de arte-educação. Conhece Branco Mello, Sérgio Britto, Paulo Miklos, Ciro Pessoa, Nando Reis e Marcelo Fromer, que também estudam no Equipe.

1979

A família muda-se para o Rio de Janeiro, e Arnaldo vai junto.

1980

Seus pais continuam morando no Rio, mas Arnaldo resolve voltar para São Paulo.

1982

Os **Titãs do Ieiê** apresentam-se, pela primeira vez, com nove integrantes: Arnaldo (vocal), Paulo Miklos (vocal e sax), Sérgio Britto (vocal e teclado), Branco Mello (vocal), Nando Reis (baixo e vocal), Ciro Pessoa (vocal), Marcelo Fromer e Tony Bellotto (guitarras) e André Jung (bateria).

1984

Ciro Pessoa sai dos **Titãs do Ieiê**. O grupo assina contrato com a gravadora WEA e passa a se chamar apenas **Titãs**. Os **Titãs** passam a ser conhecidos em todo o Brasil. Começam a fazer *shows* em outros estados, onde nunca haviam tocado antes.

1992

Lança, pela BMG, gravadora que o contrata como artista solo, o CD e o vídeo **Nome**.

1993

Arnaldo resolve sair dos **Titãs** depois de dez anos como integrante da banda. Apesar de sua saída, Arnaldo continua compondo com a banda. Várias dessas parcerias são incluídas nos discos dos **Titãs**, assim como nos discos solo de Arnaldo.

1995

Compõe e grava a música **Lavar as mãos** para o **Castelo Rá-Tim-Bum**, programa infantil da TV Cultura, com trilha musical também lançada em CD.

1997

Participa da gravação do CD e DVD **Titãs – Acústico**, a primeira apresentação e gravação com os Titãs desde sua saída da banda.

2002

Grava o CD **Tribalistas**, projeto conjunto de Arnaldo Antunes, Carlinhos Brown e Marisa Monte.

2009

Lança o CD para crianças **Pequeno Cidadão**, com Edgard Scandurra, Taciana Barros e Antonio Pinto. Em maio, tem início a turnê do **Pequeno Cidadão**, com *shows* em várias cidades brasileiras, começando na Virada Cultural em São Paulo.

2010

Lança o DVD de animações **Pequeno Cidadão**, com direção geral de Fábio Mendonça.

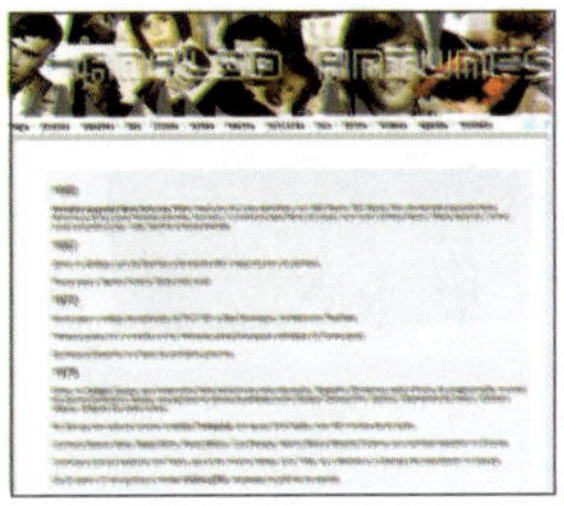

Disponível em: <www.arnaldoantunes.com.br/new/sec_biografia.php>. Acesso em: 15 fev. 2016. (Adaptado.)

ATIVIDADES

Luiz A. Novaes/Folhapress

Juvenal Pereira/Agência Estado

Zanone Fraissat/Folhapress

Valter Pontes/Coperphoto/Agência Estado

1 O que mais chamou sua atenção na linha do tempo de Arnaldo Antunes?

____

____

____

____

2 Que fatos da vida de Arnaldo Antunes você gostou de conhecer? Por quê?

____

____

3 Essa linha do tempo apresenta todos os acontecimentos da vida do artista? Explique.

____

____

____

____

4 Você conhece as músicas desse cantor e compositor? E do grupo Titãs? Quais?

5 Localize na linha do tempo de Arnaldo Antunes a data dos acontecimentos a seguir e copie-as.

a) Ano em que Arnaldo Antunes nasceu: ______________.

b) Quando ele se apresenta pela primeira vez com os Titãs do Ieiê: ______________.

c) Ano em que Arnaldo Antunes deixou a banda Titãs: ______________.

6 A linha do tempo de Arnaldo Antunes apresenta informações sobre:

- ☐ os principais acontecimentos da vida do cantor.
- ☐ a família e os amigos dele.
- ☐ o trabalho dele com a música.
- ☐ os passeios feitos por ele.

7 Em sua opinião, o período escolar foi importante para Arnaldo Antunes escolher a profissão dele? Explique.

____

____

____

8 A linha do tempo lida apresenta informações sobre a vida de Arnaldo Antunes. Que outros textos apresentam fatos vividos por alguém? Assinale com um **X** as alternativas corretas.

- ☐ relato de viagem
- ☐ conto de aventura
- ☐ biografia

9 De que forma são organizadas as informações dessa linha do tempo?

- ☐ por meio de datas completas (dia/mês/ano)
- ☐ por meio de meses
- ☐ por meio de anos

10 Você leu uma versão adaptada da linha do tempo publicada no *site* de Arnaldo Antunes, na internet. Você costuma visitar *sites* de artistas? Por quê?

____

____

____

Estúdio Mil/Arquivo da editora

MERGULHO NA ESCRITA GRAMÁTICA

Locução adjetiva

1 Releia este trecho da linha do tempo.

2009 — Lança o CD para crianças **Pequeno Cidadão**, com Edgard Scandurra, Taciana Barros e Antonio Pinto. Em maio, tem início a turnê do **Pequeno Cidadão**, com *shows* em várias cidades brasileiras, começando na Virada Cultural em São Paulo.

Estúdio Ornitorrinco/ Arquivo da editora

- Reúna-se com um colega e, seguindo o exemplo, completem a coluna abaixo.

Adjetivo	Locução adjetiva
cidades **brasileiras**	cidades do Brasil
show **musical**	*show* __________
luz **solar**	luz __________
dia **chuvoso**	dia __________
rosto **angelical**	rosto __________
amor **materno**	amor __________

Chama-se **locução adjetiva** a expressão que é formada por duas palavras que têm a mesma função de um adjetivo.

2 Circule, em cada legenda, as locuções adjetivas.

As imagens não estão representadas em tamanho proporcional entre si.

Nick Vangopoulos/Shutterstock/Glow Images

a) bolo de casamento

Jacek Chabraszewski/Shutterstock/Glow Images

b) colega de corrida

Lonni/Shutterstock/Glow Images

c) sopa de cebola

Ingvar Bjork/Shutterstock/Glow Images

d) relógio de ouro

3 Ligue os substantivos aos adjetivos adequados.

praias	infantil
coral	canino
instinto	alagoanas

- Agora complete as frases com locuções adjetivas.

a) Praias alagoanas são praias ______________________.

b) Um coral infantil é um coral ______________________.

c) Instinto canino é instinto ______________________.

4 Leia as frases a seguir, retiradas da linha do tempo de Arnaldo Antunes.

Passa a gostar de ir à escola e a ter interesse pelas linguagens artísticas [...].

Lança o CD para crianças **Pequeno Cidadão** [...].

Em maio, tem início a turnê do **Pequeno Cidadão**, com *shows* em várias cidades brasileiras [...].

a) Circule de [laranja] os adjetivos e de [verde] as locuções adjetivas nas frases acima.

b) Reescreva cada uma das frases substituindo os adjetivos por locuções adjetivas e as locuções adjetivas por adjetivos.

____

____

MEUS TEXTOS

Linha do tempo

Escolha um destes assuntos para produzir uma linha do tempo a ser exposta no mural da escola:

- sua banda favorita;
- sua própria vida;
- livros mais interessantes que você leu.

Planejamento

1 Recolha informações sobre o tema com que escolheu trabalhar.

- Se você escolheu elaborar a linha do tempo de sua banda favorita, pesquise quando ela se formou, quando gravou o primeiro CD, etc. Se escolheu fazer a linha da história de sua vida, relate quando e onde nasceu, quando fez um passeio divertido, em que lugares morou, etc. Ou, se optou por uma linha dos livros, escreva quando você fez as leituras, do que gostou em cada uma das histórias, quando as obras foram publicadas, etc.

2 Selecione parte do resultado da pesquisa, pois uma linha do tempo apresenta textos curtos e objetivos. Para isso, lembre-se: que fatos podem interessar ao leitor do mural da escola?

3 Depois de decidir quais informações você escreverá na linha do tempo, decida como serão divididos os intervalos (por semanas, meses, bimestres, trimestres, anos, etc.).

4 Se possível, selecione fotografias ou faça desenhos ou colagens para compor a parte visual da linha do tempo.

Rascunho

5 Chegou o momento de fazer a primeira versão da sua linha do tempo! Faça o rascunho em uma folha à parte para planejar como serão os textos e como as imagens ficarão dispostas.

6 Lembre-se de que cada bloco de texto deve estar ligado a uma marca temporal, informando o fato importante que aconteceu nesse tempo. Além disso, é importante que os textos estejam organizados na página de modo que o leitor possa encontrá-los e entendê-los com facilidade. Depois, pense em um bom título que informe o leitor sobre o que ele vai ler em sua linha e escreva-o em destaque.

Revisão

7 Faça a revisão da sua linha do tempo antes de escrever a versão final.

	Sim	Preciso fazer/refazer
Escrevi textos que apresentam os principais acontecimentos ocorridos no período de tempo a que se referem?		
Indiquei o tempo de cada acontecimento?		
Organizei a linha do tempo de modo que o leitor possa encontrar e entender facilmente as informações?		

Meu texto

Escreva a versão final da sua linha do tempo, fazendo os ajustes necessários. Depois, organize-se com os demais colegas e o professor para montar a exposição no mural da escola.

Fabiana Shizue/Arquivo da editora

ATIVIDADES DO CAPÍTULO

1. Leia esta letra de canção, composta por Edgar Scandurra e gravada pela banda **Pequeno Cidadão**.

O uirapuru

O uirapuru cantou

Eu nunca vi o uirapuru
É raro ver o uirapuru
Cabe na palma da mão
Tem um bico bem grandão
Proporcional, se não me engano,
Ao bico do tucano
É o uirapuru

Algumas aves florestais, como esta da foto, recebem o nome de uirapuru. Costumam ter plumagem bem colorida. Seu canto é considerado muito melodioso e pode ser ouvido principalmente quando essas aves constroem o ninho.

O uirapuru, de Edgard Scandurra. **Pequeno Cidadão**, da banda Pequeno Cidadão. São Paulo: Ambulante Estúdio, 2009.

- Observe as palavras finais de cada verso e circule aquelas que rimam. Para cada par use uma cor diferente.

2. Na canção **O uirapuru**, um adjetivo caracteriza o substantivo **bico**.

a) Copie esse adjetivo:

____

b) O bico do uirapuru é comparado ao bico de outra ave, o tucano. Será que essas aves são mesmo semelhantes? Observe as fotografias desta página e escreva dois adjetivos comparando o bico de cada ave.

O tucano é uma ave que se alimenta de frutos e vive em pequenos bandos, em florestas da América Central e da América do Sul.

____

____

3. Releia, na página anterior, a legenda da foto do uirapuru.

a) Qual adjetivo é usado para caracterizar o substantivo **aves?**

____

b) Que tipo de informação sobre essas aves esse adjetivo apresenta?

____

c) Esse adjetivo poderia ser substituído por uma locução adjetiva? Qual?

____

4. Circule a locução adjetiva das frases abaixo. Depois, reescreva as frases substituindo a locução por um dos adjetivos do quadro.

braçal	fraterno	vespertino

a) Maria e Jonas costumam estudar no período da tarde.

____

b) É impossível usar a força dos braços para levantar um ônibus.

____

c) O amor de irmãos costuma ser desenvolvido com a convivência.

____

5. Separe as sílabas das palavras da tabela e classifique-as quanto à sílaba tônica, conforme o exemplo.

Palavra	Separação de sílabas	Pela posição da sílaba tônica, a palavra é:		
		proparoxítona	paroxítona	oxítona
instrumento	ins-tru-men-to			
música				
melodia				
musical				
espetáculo				

CAPÍTULO 6

UMA DOCE DANÇA

LEITURA 1

Você gosta de dançar? Conhece alguma modalidade de dança?

Já ouviu falar algo sobre o tango argentino?

Se você quisesse aprender alguma modalidade de dança, onde você pesquisaria instituições ou profissionais que oferecessem esse serviço?

www.aulas-tango-argentino.com.br

Aulas de tango argentino

Alexander Ryabintsev/Shutterstock

Deixe-se levar pela delicadeza de um abraço e melhore a autoconfiança, a concentração, a condução, a desenvoltura, o equilíbrio, a postura corporal e a sociabilização.

Aprender tango traz benefícios para a saúde. E é simples como um abraço.

Escola internacional de tango argentino

Contato:

ATIVIDADES

1 Qual é o serviço anunciado nesse classificado?

____

2 Quem é o anunciante desse classificado?

____

3 Qual é o objetivo do anunciante?

____

____

4 Segundo o anunciante, dançar tango melhora a autoconfiança, a concentração e diversos outros aspectos. Em sua opinião, uma dança pode trazer quais benefícios?

____

____

____

5 De acordo com o classificado, dançar tango "é simples como um abraço". O que isso significa? Que efeito essa frase produz no texto?

> O **anúncio classificado** é um gênero textual curto em que é divulgada a venda, a troca ou o aluguel de produtos ou ainda o oferecimento e a contratação de serviços. Geralmente esse gênero é encontrado em jornais, revistas e *sites*. Seu principal objetivo é convencer o leitor sobre a qualidade do produto ou serviço anunciado para que possa adquiri-lo ou contratá-lo.
>
> Assim como o anúncio publicitário, o classificado pode apresentar recursos verbais (palavras) e não verbais (imagens), mas costuma expor seu objetivo de modo mais direto. Algumas informações que não podem faltar em um classificado são: o que é negociado e como os interessados podem entrar em contato com o anunciante.

6 Em sua opinião, esse anúncio classificado é atrativo? Por quê? Falta alguma informação importante nele?

MERGULHO NA ESCRITA GRAMÁTICA

Artigo: definido e indefinido

1 Releia o trecho a seguir, retirado do anúncio classificado da Escola internacional de tango argentino.

> Aprender tango traz benefícios para a saúde.

a) A palavra **saúde** é um substantivo:

☐ feminino. ☐ masculino.

b) No trecho, o substantivo **saúde** é antecedido por artigo. Você teria conseguido responder à questão anterior se a frase não tivesse o artigo? Explique.

> **Artigo** é a palavra que vem antes do substantivo, indicando se ele está no masculino ou no feminino, se está no singular ou no plural.

2 Escolha artigos do quadro para completar as frases.

a	as	o	os	uma	um

a) ______ Argentina é conhecida mundialmente por ______ famosa modalidade de dança: ______ tango.

b) ______ tango é ______ dança de muita concentração.

c) Em geral, ______ canções são tristes e falam sobre temas como ______ amor e ______ desilusões.

d) ______ letras das canções têm ______ vocabulário próprio.

e) ______ casais de dançarinos ensaiam passos com giros, saltos e voltas.

Rey Kamensky/Shutterstock

3 Leia as frases abaixo, prestando atenção aos artigos destacados.

Rey Kamensky/Shutterstock

Os dançarinos de tango são muito concentrados.

Uns dançarinos de tango são muito concentrados.

- As duas frases têm o mesmo sentido? Explique.

____

____

____

____

____

Os artigos podem ser:

- **definidos**: aqueles que indicam um substantivo determinado (conhecido). São eles: **o**, **a**, **os**, **as**.
- **indefinidos**: aqueles que indicam um substantivo indeterminado (desconhecido ou qualquer um). São eles: **um**, **uma**, **uns**, **umas**.

4 Ligue os artigos aos substantivos adequados.

A	casal se conhece há muito tempo.
Uma	cidade de Buenos Aires é bonita.
Os	orquestra como essa é muito famosa.
Um	estrelas brilham mais do que outras.
Umas	músicos tocam trompetes.
Uns	bailarinos Mariana e Franco dançam bem.

MERGULHO NA ESCRITA ORTOGRAFIA

Palavras terminadas em -ez, -eza

1 Releia este trecho do anúncio classificado.

Rey Kamensky/Shutterstock

Deixe-se levar pela **delicadeza** de um abraço e melhore a autoconfiança, a concentração, a condução, a desenvoltura, o equilíbrio, a postura corporal e a sociabilização.

- O substantivo **delicadeza** deriva de um adjetivo. Que adjetivo é esse?

____

____

> Em geral, as terminações **-ez** e **-eza** são encontradas em substantivos derivados de adjetivos, como nitidez, rapidez, polidez/clareza, magreza, sutileza.

2 Escreva os adjetivos de que vieram os substantivos abaixo.

a) frieza: _______________

b) nobreza: _______________

c) limpeza: _______________

d) esperteza: _______________

e) rapidez: _______________

f) leveza: _______________

g) pobreza: _______________

h) gentileza: _______________

i) sensatez: _______________

j) braveza: _______________

3 Complete as lacunas com as terminações **-ez** ou **-eza** para indicar os substantivos derivados dos seguintes adjetivos.

a) duro: dur ________

b) estúpido: estupid ________

c) ácido: acid ________

d) firme: firm________

e) malvado: malvad________

f) lúcido: lucid________

g) fino: fin________

h) fraco: fraqu________

4 Forme substantivos usando as terminações **-ez** e **-eza** a partir dos adjetivos abaixo.

a) límpido: ____________________

b) impuro: ____________________

c) profundo: ____________________

d) pálido: ____________________

5 Observe as ilustrações e crie frases utilizando substantivos terminados em **-ez** e **-eza**, derivados dos adjetivos a seguir.

Ilustrações: Estúdio Mil/ Arquivo da editora

a) real

____

____

c) tímido

____

____

b) grávida

____

____

d) rico

____

____

LEITURA 2

Você gosta de doces? Qual é o seu favorito? Você conhece um doce chamado *alfajor*?

Em que país você imagina que esse doce surgiu? Leia o texto e descubra.

Alfajor

Outro doce que chegou de tapete voador à península Ibérica foi o *alfajor*. Assim como o arroz-doce, tinha ingredientes festivos como o mel, avelãs, amêndoas, cravo, canela, gergelim e até coentro picadinho. Prensava-se tudo numa trouxinha de pano e o doce, em forma de tabletinho, era chamado de *al-fahua*.

Os conventos de Córdoba, na Espanha, durante o século XVIII, adaptaram o doce para uma espécie de bolacha que, apesar do formato quadrado, inspirou os argentinos a criar os famosos biscoitos redondos, também recheados com doce de leite. Com os anos, o **alfajor** tornou-se tão argentino quanto o arroz-doce brasileiro.

Daniel Korzeniewski/Shutterstock

Na América Latina, o doce se adaptou aos gostos de cada região. Em países como Argentina, Peru, Chile e Uruguai, os *alfajores* são recheados com doce de leite e polvilhados com açúcar de confeiteiro.

geniuscook_com/Shutterstock

Na Colômbia, os *alfajores* são recheados com *arequipe* (doce de leite) e cobertos de coco ralado.

michelepautasso/Shutterstock

No Brasil, em geral, os *alfajores* têm recheio de doce de leite e cobertura de chocolate.

Reprodução/Editora Cosac Naify

Mil-folhas: história ilustrada do doce, de Lucrécia Zappi. São Paulo: Cosac Naify, 2010.

ATIVIDADES

1 Releia a primeira frase do texto:

Outro doce que chegou de tapete voador à península Ibérica foi o *alfajor*.

a) Procure no dicionário o significado da palavra **península** e escreva-o.

b) Agora, forme dupla com um colega e pesquisem quais são os países que fazem parte da península Ibérica, que fica localizada no sudoeste da Europa.

c) No texto, se faz uma brincadeira ao dizer que o *alfajor* chegou “de tapete voador” à península Ibérica porque:

- ☐ o entregador era Aladim.
- ☐ o doce tem origem na cultura árabe, na qual são comuns histórias com tapetes voadores.
- ☐ era o único meio de transporte que existia.

Estúdio Mil/Arquivo da editora

2 Em sua opinião, o que o *alfajor* e o tango têm em comum?

3 Releia este trecho:

Com os anos, o *alfajor* tornou-se tão argentino quanto o arroz-doce brasileiro.

- Em relação ao trecho acima, é correto afirmar que:

☐ ao chegar à Argentina, o *alfajor* foi conquistando o paladar das pessoas e, mesmo sendo de origem árabe, passou a ser considerado um doce argentino, assim como aconteceu com o arroz-doce no Brasil.

☐ os pratos originários de outros países não podem ser apropriados pela cultura de um local específico com o passar do tempo.

MERGULHO NA ESCRITA GRAMÁTICA

Adjetivo: grau comparativo

1 Releia este trecho sobre a popularização do *alfajor* na Argentina.

> Outro doce que chegou de tapete voador à península Ibérica foi o *alfajor*. [...]
> Com os anos, o *alfajor* tornou-se tão argentino quanto o arroz-doce brasileiro.

a) Nesse trecho, a autora do texto faz uma comparação. O que ela compara? Explique.

____

____

b) As palavras **argentino** e **brasileiro** podem ser tanto substantivos, quando utilizadas para nomear algo ou alguém, como adjetivos, quando utilizadas para atribuir características a substantivos. No trecho, elas são substantivos ou adjetivos?

____

____

2 Quando queremos fazer uma comparação, geralmente utilizamos algum adjetivo. Observe o exemplo abaixo e, depois, escreva adjetivos para completar as frases.

a) O tango é uma dança tão ____________________ quanto o ato de dar um abraço.

b) Esta canção é menos ____________________ do que aquela.

c) O *alfajor* é tão ____________________ quanto o arroz-doce.

d) Uma viagem para a Argentina é mais ____________________ do que para o Nordeste.

> Usa-se o adjetivo no **grau comparativo** para comparar características de dois ou mais substantivos.
>
> O grau comparativo do adjetivo pode ser de:
>
> - **inferioridade**: O *alfajor* é **menos** saboroso **do que** o arroz-doce.
> - **igualdade**: O *alfajor* é **tão** saboroso **quanto** o arroz-doce.
> - **superioridade**: O *alfajor* é **mais** saboroso **do que** o arroz-doce.

3 Complete as frases abaixo no grau comparativo indicado entre parênteses.

a) Em uma banda, há sempre um músico ____________________ dedicado ____________________ os outros. (superioridade)

b) O violoncelo é um instrumento ____________ bonito ________________ o violino. (igualdade)

c) O pé de moleque é __________________ duro __________________ a rapadura. (inferioridade)

d) O doce de leite é ____________________ doce ____________________ o beijinho. (igualdade)

e) O doce de buriti é ________________ saboroso ____________________ o doce de abóbora. (inferioridade)

Os adjetivos **bom**, **mau**, **grande** e **pequeno** possuem formas reduzidas no grau comparativo:

- bom → melhor: Ele toca piano **melhor** do que o professor.
- mau → pior: Comprei um piano **pior** do que o que já tinha.
- grande → maior: O piano é **maior** do que o teclado.
- pequeno → menor: Este piano é **menor** do que o outro.

Fabiana Shizue/Arquivo da editora

4 Complete as frases a seguir utilizando os adjetivos indicados entre parênteses, na forma reduzida do grau comparativo.

a) Maurício fez um bolo ____________________ do que aquele que fez no sábado. (bom)

b) Esta receita é ____________________ do que a outra! (mau)

c) O bem-casado é um doce _______________ do que o beijinho. (grande)

d) A assadeira com furo é ____________________ do que a assadeira retangular. (pequeno)

MEUS TEXTOS

Anúncio classificado

Neste capítulo vimos que é possível alugar, trocar ou vender produtos e oferecer ou contratar serviços por meio de anúncios classificados que circulam em jornais, revistas e *sites*. Que tal agora usar a criatividade para inventar um instrumento musical inusitado e, depois, tentar trocá-lo por outro instrumento feito pelos colegas, publicando um classificado no mural da classe?

Será que alguém vai se interessar pelo seu instrumento e vai entrar em contato para tentar trocar? Será que você vai se interessar por algum instrumento anunciado pelos seus colegas?

Planejamento

1. Solte a criatividade e invente um instrumento musical. Pense nas características que seu instrumento terá: vai ser um instrumento de sopro? De cordas? De que material ele será feito? Qual o som que ele vai produzir?

2. Pense no anúncio classificado que você vai escrever. As seguintes questões poderão ajudá-lo a compor o texto de seu classificado.
   - Quais características do instrumento vão ser ressaltadas? O instrumento que você inventou já foi testado? Ele se parece com algum outro instrumento? Como os interessados poderão entrar em contato com você?

Fabiana Shizue/Arquivo da editora

Rascunho

3 Escreva um rascunho do classificado anunciando que você deseja trocar o instrumento que inventou. Se necessário, releia o classificado das aulas de tango. Lembre-se de que o texto deve ser curto e objetivo e que deve despertar o interesse dos colegas pelo instrumento, por isso inclua uma fotografia ou faça um desenho que o represente.

Revisão

4 Revise a versão inicial do seu classificado respondendo às perguntas do quadro abaixo.

	Sim	Preciso fazer/refazer
Escrevi as características do instrumento no classificado?		
Indiquei como os interessados pelo instrumento podem entrar em contato comigo?		
A imagem do meu classificado representa o instrumento que inventei?		

Meu texto

Faça a versão final do seu anúncio classificado em uma folha à parte, ajustando o que for necessário.

Exponha seu classificado no mural da classe para que todos vejam o instrumento que você inventou; observe também as invenções anunciadas pelos colegas e comecem as trocas.

ATIVIDADES DO CAPÍTULO

1. Leia o anúncio classificado abaixo e faça o que se pede.

VENDO BATERIA

Instrumento com cinco anos de uso. Um dos tambores está amassado, prejudicando a qualidade do som. Ligar para o número [illegible] e falar com Felipe.

jocic/Shutterstock

a) Você sentiu falta de alguma informação nesse classificado? O que você faria para obter essa informação?

____

____

b) Assinale com um **X** apenas as características que se referem ao gênero textual anúncio classificado.

- [ ] O texto do classificado é curto e objetivo.
- [ ] Apresenta poucos personagens.
- [ ] É comum deixar o número de telefone como meio de contato.

2. Forme substantivos com as terminações **-ez** ou **-eza** a partir dos seguintes adjetivos.

a) macio: ____________________

b) sutil: ____________________

c) certo: ____________________

d) rígido: ____________________

e) forte: ____________________

f) surdo: ____________________

3. Reescreva o anúncio classificado da atividade 1 e, para deixá-lo mais atraente, inclua artigos definidos e indefinidos, quando achar necessário, e uma comparação, utilizando algum adjetivo no grau comparativo.

____

____

____

____

____

____

4. Releia o título do livro em que foi publicado o texto ***Alfajor***, que você leu neste capítulo.

Mil-folhas: história ilustrada do doce.

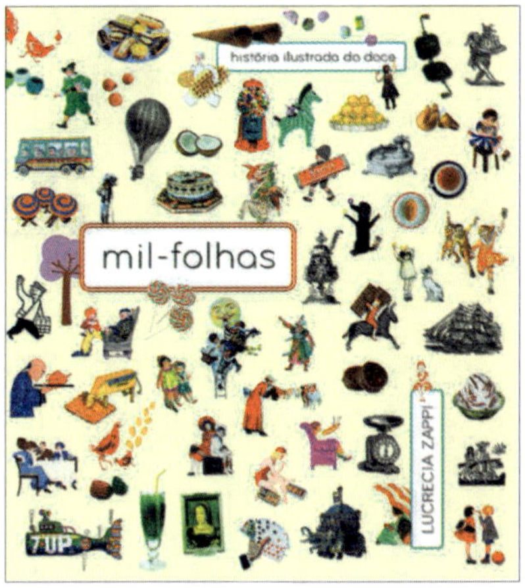

Reprodução/Editora Cosac Naify

a) Há algum artigo no título do livro?

____

b) Se a autora quisesse utilizar um artigo definido, o título do livro seria:

- ☐ Mil-folhas: a história ilustrada do doce.
- ☐ Mil-folhas: uma história ilustrada de um doce.

c) Em sua opinião, por que **Mil-folhas: uma história ilustrada de um doce** poderia ser um título inadequado para o livro?

____

____

____

____

____

O QUE APRENDI?

Composição: Regina Mizuno; imagens: Shutterstock/Glow Images

1. A imagem acima é a mesma do início desta Unidade. Nela, aparecem dois gêneros textuais. Que gêneros são esses?

____

2. Na entrevista, Marcelo revela que as letras das canções da banda são compostas pela Duda. Ao escrevê-las, é provável que Duda:

- ( ) faça versos que rimem.
- ( ) divida os acontecimentos em anos.
- ( ) crie as falas para os personagens.
- ( ) pense no ritmo da canção.

3. Se a revista tivesse a intenção de publicar um texto sobre a carreira da banda, seria mais adequado que produzissem:

- ( ) um conto maravilhoso.
- ( ) uma linha do tempo.

4. Nessa entrevista, as falas dos entrevistados são indicadas pelo nome do integrante da banda. Em outros textos, como nos contos maravilhosos, quais sinais de pontuação podem ser usados para indicar a fala?

____

5. Complete as palavras com **l** ou **u**.

a) João le_______ que o musica_______ **A bela e a fera** é mais interessante do que o filme.

b) Minha mãe me conto_______ que na história **Os músicos de Bremen** o menor anima_______ é o galo.

- Em relação aos itens **a** e **b**, assinale **V** para as afirmações verdadeiras e **F** para as falsas.

☐ Na primeira frase, o adjetivo é usado no grau comparativo de superioridade.

☐ Há uma locução adjetiva na primeira frase.

☐ Na primeira frase, o artigo indica que a palavra **musical** é um substantivo masculino.

☐ Na segunda frase, o adjetivo é usado no grau comparativo de superioridade.

6. Qual é o substantivo coletivo que aparece na frase: "Um bate-papo com Le Moustache, a banda revelação do *rock* nacional"?

___

MINHA COLEÇÃO DE PALAVRAS

Escreva, com suas palavras, o que você entende por:

- adjetivo:

___

___

- classificado:

___

___

UNIDADE 3

CULTURA POPULAR

- Observe os personagens dessa cena. Você acha que todos eles fazem parte da mesma história? Por quê?
- Você reconhece alguns desses personagens?
- Algumas duplas de personagens dessa cena fazem parte de uma mesma lenda. Você consegue adivinhar quais são?

Bruno Nunes/Arquivo da editora

CAPÍTULO 7

CONTAR E RECONTAR

LEITURA 1

Apenas pelo título do texto, você saberia dizer se já conhece a história que vai ler em seguida?

Como você imagina essa festa nas alturas? Quem seriam os convidados?

A festa no céu

Uma grande festa foi preparada no céu para todos os animais que viviam na Terra. As aves se prepararam para a festa, mas os bichos que não voavam não podiam ir. Na véspera, os animais sem asas estavam reunidos, muito tristes, quando apareceu o sapo-cururu dizendo que ia à festa. O pessoal caiu na risada. Como poderia subir às alturas, bem ele, que era pesado e nem correr conseguia?

“Pois esperem e verão”, disse o sapo. “Na volta, eu conto tudo para vocês.”

O urubu era um dos convidados mais importantes: bom violeiro, as danças dependiam dele. Sabendo disso, o sapo foi até a casa do urubu, bateu um papo com ele e despediu-se dizendo: “Vou indo, compadre. Para mim o caminho é longo; preciso sair muito antes que todos os outros”.

“Então o compadre cururu vai mesmo?”, espantou-se o urubu. “Vou sim. Até a festa, compadre urubu!”, disse o sapo. “Até lá!”, respondeu o urubu, sem acreditar no que ouvia.

O sapo fingiu que ia embora, mas não foi; escondeu-se atrás de uma árvore para observar o amigo. Quando o urubu foi para a lagoa, o sapo entrou na casa pela porta dos fundos. Assim que viu a viola em cima da mesa, pulou dentro dela e ficou bem quietinho.

Na manhã seguinte, o urubu pegou a viola e bateu asas para o céu, onde foi recebido com alegria. Pousou a viola no chão e foi cumprimentar o pessoal. O sapo espreitou pelo buraco da viola, e quando viu que não havia ninguém por perto, saltou lá de dentro. Os pássaros ficaram muito surpresos ao vê-lo; queriam saber como tinha conseguido subir ao céu, mas ele riu e fugiu da resposta.

Ilustrações: Pedro Hamdan/Arquivo da editora

A festa começou. Todos comeram, beberam e dançaram. No final da noite, o sapo disse que ia dormir porque estava muito cansado da viagem. E voltou, saltando, para perto do urubu. Quando o amigo parou de tocar e pousou a viola no chão, o sapo pulou dentro dela e lá ficou até o dia seguinte. De manhã, quando o urubu pegou o seu instrumento, sentiu diferença. "Puxa, como essa viola está pesada!", disse para si mesmo. "Toquei a noite toda, e ela estava leve; agora, parece um chumbo!"

No meio do caminho de volta, resolveu dar uma olhada dentro da viola e deu de cara com o sapo. "Ah, meu compadre! Foi assim que você veio à festa no céu? Pois muito bem! Agora você vai ver..."

Quando ele ia virar a viola para jogar o sapo, este, muito esperto, gritou: "Compadre, por favor, me jogue em qualquer lugar, menos na água, que eu me afogo!".

O urubu apanhou a deixa e continuou o voo até aparecer uma lagoa. Então, despejou o sapo lá de cima e seguiu seu caminho, certo de que tinha se vingado do cururu. Mas o danado do sapo, que sabia nadar muito bem, saiu da lagoa contente da vida.

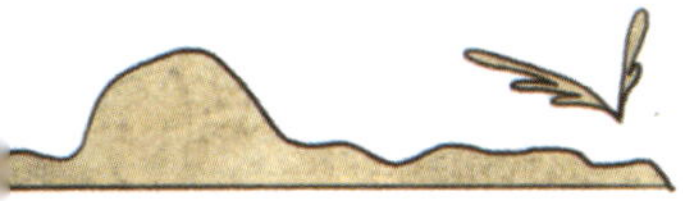

Viagem pelo Brasil em 52 histórias, de Silvana Salerno. São Paulo: Companhia das Letrinhas, 2006.

Essa história costuma ser transmitida oralmente, de geração a geração. Alguém já contou essa história para você?

ATIVIDADES

1 Qual é o acontecimento anunciado no início dessa história?

- [ ] Um festa na lagoa.
- [ ] Uma festa na floresta.
- [ ] Uma festa religiosa.
- [ ] Uma festa no céu.

2 Também no início do conto, qual é o grande problema do sapo?

____

3 Que atitude o sapo toma para solucionar seu problema?

____

4 Ao ser descoberto pelo compadre urubu, o sapo procura enganá-lo.

a) O que o sapo diz ao urubu? Volte ao texto e sublinhe o trecho correto.

b) Os sapos são **anfíbios**. Pesquise essa palavra no dicionário e responda: é verdade que um sapo se afoga na água? Por quê?

____

____

c) O sapo mentiu para o urubu alguma outra vez na história? Quando?

____

____

Estúdio Ornitorrinco/Arquivo da editora

5 Qual é a sua opinião sobre as atitudes que o sapo toma para conseguir o que quer? Você acha que elas foram corretas? Por quê? Converse com seus colegas.

6 O que o sapo poderia fazer para tentar ir à festa sem precisar enganar alguém?

____

____

____

7 Releia abaixo um trecho do texto e depois converse com seus colegas sobre as questões a seguir.

Quando ele ia virar a viola para jogar o sapo, este, muito esperto, gritou: “Compadre, por favor, me jogue em qualquer lugar, menos na água, que eu me afogo!”.

O urubu apanhou a deixa e continuou o voo até aparecer uma lagoa. Então, despejou o sapo lá de cima e seguiu seu caminho, certo de que tinha se vingado do cururu.

a) Você sabe o que quer dizer a expressão “apanhar a deixa”? Se não, o que você acha que ela pode significar?

b) Você observou alguma outra palavra ou expressão no texto que não conhecia? Qual?

8 Quem conta a história é chamado de narrador. Nesse conto, o narrador:

- ☐ não participa da história; apenas observa e conta as atitudes dos personagens.
- ☐ também é um personagem da história, pois participa dos acontecimentos.

Estúdio Ornitorrinco/Arquivo da editora

> Os **contos populares** são transmitidos oralmente, de geração a geração. Em geral, são textos curtos, apresentam poucos personagens e o narrador da história não participa dela, apenas observa o que acontece.

9 Há palavras e expressões no texto que marcam o tempo e a sequência dos acontecimentos da história. Pensando nisso, releia o conto e organize no quadro abaixo os eventos listados a seguir, copiando cada letra na coluna correspondente.

A. O urubu segurou a viola e achou que ela estava muito pesada.
B. O sapo esperou o urubu ir para a lagoa e entrou escondido em sua viola.
C. Os animais sem asas se reuniram, muito tristes, porque não poderiam ir à festa no céu.
D. O urubu despejou o sapo em cima de uma lagoa.
E. O sapo disse que ia dormir, mas pulou novamente dentro da viola do urubu e ficou lá.
F. O urubu pegou sua viola e voou para o céu.

Um dia antes da festa	No dia da festa	Um dia depois da festa
____________	____________	____________

MERGULHO NA ESCRITA GRAMÁTICA

Pronomes pessoais e pessoas do discurso

Estúdio Ornitorrinco/ Arquivo da editora

1 Releia este trecho do conto **A festa no céu** e responda às questões propostas.

> [...] Na véspera, os animais sem asas estavam reunidos, muito tristes, quando apareceu o sapo-cururu dizendo que ia à festa. O pessoal caiu na risada. Como poderia subir às alturas, bem ele, que era pesado e nem correr conseguia?
>
> "Pois esperem e verão", disse o sapo. "Na volta, **eu** conto tudo para **vocês**."

a) Os trechos entre aspas são a fala de que personagem?

____

b) Quem ele chama de **eu**? Ou seja, a quem ele se refere quando usa a palavra **eu**?

____

____

c) Quem o sapo chama de **vocês**? Ou seja, a quem ele se refere quando usa a palavra **vocês**?

____

____

d) Sobre o segundo trecho entre aspas, responda:

Quem fala?	Com quem fala?	Sobre quem (ou sobre o que) fala?

2 Releia outro trecho.

[...] De manhã, quando o urubu pegou o seu instrumento, sentiu diferença. "Puxa, como essa viola está pesada!", disse para si mesmo. "Toquei a noite toda, e **ela** estava leve; agora, parece um chumbo!"

a) Agora complete o quadro.

Quem fala?	Com quem fala?	Sobre quem (ou sobre o que) fala?
________	________	________

b) Assinale com um **X** a que (ou a quem) a palavra **ela** se refere.

- [ ] ao urubu
- [ ] à viola
- [ ] à manhã
- [ ] ao sapo

Palavras como **eu** e **ela** são chamadas de **pronomes pessoais**. Eles designam as **pessoas do discurso**, indicando os papéis dos seres envolvidos em uma comunicação:

- **1ª pessoa** (quem fala): pronomes **eu** e **nós**.
- **2ª pessoa** (com quem se fala): pronomes **tu** e **vós**. Hoje em dia, são bastante usados os pronomes **você** e **vocês**.
- **3ª pessoa** (sobre quem se fala ou o assunto da conversa): pronomes **ele/ela** e **eles/elas**.

3 Releia esta fala do urubu para o sapo.

"Ah, meu compadre! Foi assim que você veio à festa no céu? Pois muito bem! Agora você vai ver..."

a) Qual é o **pronome** que o urubu usa para se referir ao sapo?

- [ ] compadre
- [ ] você
- [ ] ele

b) Nessa fala, o sapo é:

- [ ] a 1ª pessoa do discurso (quem fala).
- [ ] a 2ª pessoa do discurso (com quem se fala).

MERGULHO NA ESCRITA ORTOGRAFIA

Palavras com sc, sç, xc

1 Releia estas palavras do conto em voz alta, prestando atenção nas letras destacadas.

sapo	vo**c**ê	apare**c**eu	come**ç**ou	di**ss**e	can**s**ado

- Essas letras representam sons diferentes?

____

____

____

2 Em duplas, consultem um dicionário para completar as palavras do quadro com **sc**, **sç** ou **xc**. Depois, utilizem as palavras para completar as frases.

de_____em	cre_____er	e_____elente	rena_____am
pi_____ina	de_____o	cre_____a	e_____eto

a) As garotas ____________________ a escada no escuro, mas eu não ____________________.

b) Os homens da minha família costumam deixar a barba ______________. Mas eu não deixarei nem que o bigode ____________________.

c) Só gosto de ouvir música de ____________________ qualidade.

d) A tempestade acabou com o jardim de tia Marli, mas ela espera que agora, com o tempo firme, as flores ____________________.

e) Todos os dias, ____________________ aos domingos, o campeão de natação entra na ____________________ para treinar.

Estúdio Ornitorrinco/Arquivo da editora

3 Organize as sílabas e forme palavras. Escreva as respostas.

tos | seis | cen ______________________________

ço | cres ______________________________

ci | dis | na | pli ______________________________

ce | cia | ex | lên ______________________________

ju | nes | ça | re | ve ______________________________

ta | ci | ex | ção ______________________________

4 Observe as palavras da atividade anterior e complete a definição abaixo.

As letras **sc** representam o mesmo som que o **s** em **sapo** quando vêm antes de _____ ou _____. Exemplos: ______________________ e ______________________.
As letras **sç** representam esse som quando vêm antes de _____ ou _____. Exemplos: ______________________ e ______________________. Por fim, as letras **xc** representam esse som quando vêm antes de _______ ou _______. Exemplos: ______________________ e ______________________.

5 Complete as palavras a seguir usando **sc** ou **sç.**

- de_______er, de_______o, de_______a
- flore_______er, flore_______o, flore_______a
- recrude_______er, recrude_______o, recrude_______a
- decre_______er, decre_______o, decre_______a

Dica: você pode procurar a grafia correta da primeira palavra de cada linha no dicionário e completar o restante pensando na definição construída na atividade 4.

Você já estudou que o mesmo som (fonema) representado pela letra **s** na palavra **s**apo também pode ser representado por **c**, **ç** e **ss**.

Agora viu que esse fonema pode ser representado também por:

- **sc** antes de **e** ou de **i**. Por exemplo: cre**sc**imento.
- **sç** antes de **o** ou de **a**. Por exemplo: cre**sç**a.
- **xc** antes de **e** ou de **i**. Por exemplo: e**xc**êntrico.

LEITURA 2

O texto que você vai ler é um conto popular da Índia, país localizado na Ásia, recontado pela escritora brasileira Katia Canton.

Você já ouviu falar desse país? Como imagina que seja uma história popular de lá?

O homem mais rico do mundo

Havia um rei muito rico, que gostava de ajudar todas as pessoas que tinham menos do que ele. Como ele era muito bom, acabavam abusando de sua generosidade. Muitos fingiam ser pobres só para receber ajuda facilmente.

Mas o rei, um dia, não quis mais ser enganado. Resolveu que só ajudaria quem fosse realmente necessitado.

Um dia, um súdito lhe disse:

— Meu senhor, eu vi o homem mais pobre do mundo. Ele é um homem de idade avançada. Não possui nada. Vive com alguns farrapos sobre o corpo. Dorme no topo de uma colina alta e se alimenta apenas de alguns frutos.

— Existe alguém pobre assim em meu reino? Preciso conhecê-lo de perto para poder ajudá-lo — disse o bom rei.

O rei montou em seu cavalo e foi até a colina.

Chegando lá, avistou o homem.

— Senhor, eu sou o rei, dono dessas terras. Quero ajudá-lo para que não seja tão pobre, que não viva em condições tão miseráveis.

súdito: aquele que está submetido à vontade de alguém a quem deve obediência; habitante de um país governado por rei, imperador, etc.

— Mas eu não sou pobre, senhor. Sei transformar a terra em ouro.

— Como assim? — surpreendeu-se o rei.

— O senhor, se quiser, pode vir ver com seus próprios olhos. Venha encontrar-me no topo dessa colina de manhãzinha, antes de o sol nascer.

Assim fez o rei. Os dois se encontraram e se sentaram no topo da colina, em silêncio. Os olhos do rei não podiam crer na beleza do espetáculo que se podia admirar do alto. Tudo se transformara num dourado que ficava cada segundo mais radiante.

— Agora entendo. Sua riqueza é essa liberdade, esse contato direto com a natureza. Eu que sou o rei e que vivo todos os dias dentro do meu castelo com empregados, políticos e aduladores não tenho isso. Obrigado por ser generoso e compartilhar esse tesouro comigo — disse o rei, que a partir de então passou a acompanhar o homem todos os dias na colina.

Estúdio 1 mais 2/Arquivo da editora

Reprodução/Ed. WMF Martins Fontes

Histórias de valor, de Katia Canton. São Paulo: WMF Martins Fontes, 2008. p. 21-22.

ATIVIDADES

1 Quem são os personagens mais importantes dessa história?

____

____

2 Quais são as características do rei? Assinale a alternativa correta.

- [ ] Era um homem muito rico e que fazia questão de ajudar.
- [ ] Era maldoso e nunca ajudava o povo.
- [ ] Era uma pessoa que nunca se enganava.

3 Por que o rei desejava conhecer o homem considerado muito pobre?

- [ ] Porque ele desejava ajudá-lo.
- [ ] Porque ele pretendia expulsar os pobres de seu reino.
- [ ] Porque ele estava certo de que o homem pobre iria ajudá-lo.

Estúdio Ornitorrinco/ Arquivo da editora

4 Releia abaixo o trecho inicial do conto e observe a palavra destacada.

Havia um rei muito rico, que gostava de ajudar todas as pessoas que tinham menos do que **ele**.

- A quem a palavra **ele** se refere?

____

5 Agora releia este outro trecho e observe a palavra destacada.

Um dia, um súdito lhe disse:

— Meu senhor, eu vi o homem mais pobre do mundo. **Ele** é um homem de idade avançada.

- Nesse caso, a quem a palavra **ele** se refere?

____

6 O que o homem disse ao rei quando percebeu que ele queria ajudá-lo? Sublinhe no texto a fala do homem.

7 O homem considerado pobre diz ser capaz de "transformar a terra em ouro".

a) Circule de **verde** o trecho do texto em que o homem anuncia quando o rei poderá ver essa transformação e, em seguida, o momento em que ele consegue demonstrar ao rei o que havia dito.

b) Releia o trecho que você circulou e responda: o que o homem quis dizer com "transformar a terra em ouro"?

____

____

8 Reúna-se com um colega e releiam a fala final do rei:

— Agora entendo. Sua riqueza é essa liberdade, esse contato direto com a natureza. Eu que sou o rei e que vivo todos os dias dentro do meu castelo com empregados, políticos e aduladores não tenho isso. Obrigado por ser generoso e compartilhar esse tesouro comigo [...].

a) Qual é a riqueza que o rei descobriu no homem que todos consideravam pobre?

b) O rei é muito rico. A riqueza dele é igual à riqueza do homem que ele conheceu? Por quê?

9 No primeiro parágrafo do conto, afirma-se que as pessoas do reino abusavam da generosidade do rei. No último parágrafo, o rei agradece a generosidade do homem considerado pobre.

a) Pesquise em um dicionário: o que é **generosidade**?

____

____

b) Em sua opinião, esse conto mostra exemplos de generosidade? Quais são eles?

10 Converse com a classe e o professor a respeito das questões abaixo. Embora seja originário da Índia, esse conto:

a) pode ser compreendido por nós, brasileiros?

b) transmite um ensinamento válido para pessoas de qualquer parte do mundo? Qual?

MERGULHO NA ESCRITA GRAMÁTICA

Pronome de tratamento

1 Releia um trecho do conto **O homem mais rico do mundo**.

> Havia um rei muito rico, que gostava de ajudar todas as pessoas que tinham menos do que ele. [...]
>
> Um dia, um súdito lhe disse:
>
> — Meu senhor, eu vi o homem mais pobre do mundo. [...]

a) Copie da fala do súdito a expressão que ele usa para se dirigir ao rei.

____

b) Por que você acha que o súdito chamou o rei assim? Eles parecem ser amigos? Explique.

____

____

c) Se o súdito estivesse falando com um amigo, ele precisaria usar essa expressão? Em caso negativo, qual expressão ele poderia usar?

____

d) Qual a expressão ou as expressões que você costuma usar para tratar pessoas com quem não tem intimidade?

____

____

____

2 Releia abaixo a fala do homem considerado pobre.

> — O senhor, se quiser, pode vir ver com seus próprios olhos. Venha encontrar-me no topo dessa colina de manhãzinha, antes de o sol nascer.

- O homem usa a expressão "o senhor" para se referir ao rei por considerá-la respeitosa e pelo fato de os dois não serem tão próximos. Se o homem fosse um velho amigo do rei e os dois falassem com intimidade ao se referir um ao outro, qual dos pronomes abaixo ele poderia ter usado no início de sua fala?

☐ Ele ☐ Você ☐ Vossa Majestade

3 Pense no seu dia a dia e responda: você já usou os pronomes de tratamento **senhor** e **senhora** em alguma situação? Qual?

____

____

____

Há muitas formas de nos referirmos às pessoas com quem falamos. As palavras usadas para isso são os **pronomes de tratamento**. Conheça os principais pronomes de tratamento e para quem eles costumam ser usados:

- **você**: familiares e pessoas próximas;
- **senhor** (sr.) ou **senhora** (sr.ª): pessoas em geral, para manter certo distanciamento respeitoso;
- **Vossa Senhoria** (V.S.): pessoas que ocupam cargos de destaque em órgãos públicos ou privados, autoridades em geral;
- **Vossa Excelência** (V.Ex.ª): autoridades civis e militares, como presidente da República, embaixadores, juízes de Direito, generais, etc.;
- **Vossa Majestade** (V.M.): reis e rainhas;
- **Vossa Alteza** (V.A.): príncipes e princesas;
- **Vossa Santidade** (V.S.): papa;
- **Vossa Eminência** (V.E.): cardeais.

4 Complete as frases com o pronome de tratamento mais adequado a cada situação.

a) Uma garota conversando com uma amiga que acabou de chegar de outro estado:

— ____________________ já conhecia esta cidade?

b) Um aluno dirigindo-se ao diretor da escola:

— Por favor, o ____________________ poderia liberar a quadra de futebol para esta tarde?

c) Um jornalista entrevistando uma princesa:

— ____________________ gostou da exposição? Qual é seu fotógrafo preferido?

Estúdio Ornitorrinco/Arquivo da editora

MEUS TEXTOS

Contação de histórias

Você vai participar de uma contação de histórias com os colegas. Você costuma ouvir contos populares?

Se não conhecer nenhuma história, pesquise: pergunte aos familiares e amigos se conhecem algum conto popular que ouviram de parentes ou amigos e que possam lhe contar. Se conhecerem, peça que contem a você. Preste atenção e, se precisar, peça que repitam a história, pois você vai recontá-la aos colegas e ao professor.

Vale também pesquisar em livros: procure histórias populares transcritas da tradição oral.

O professor vai combinar com a classe o dia e o horário mais convenientes para essa contação de histórias. Até lá, prepare-se!

Planejamento

1 Leia algumas dicas de como se preparar para contar oralmente uma história:

- Faça anotações para não se esquecer dos detalhes. Escreva em seu caderno quais são os personagens, as características deles e os momentos mais importantes da história: qual é a situação inicial do personagem principal, o que acontece com ele, qual é o momento mais emocionante do conto, como termina a história. Mas atenção: as anotações são apenas para você se preparar; nada de ler o caderno no momento da contação da história!
- Procure perceber a ideia principal a ser transmitida com o conto.
- Depois de escolher o conto e de conhecê-lo bem, procure o professor; ele poderá orientar você sobre a apresentação e tirar as suas dúvidas.

HQZart Estúdio/Arquivo da editora

Ensaio

2 Treine como contar essa história oralmente. Peça a alguém que a escute e, depois, que opine sobre sua contação. Leia estas dicas que poderão servir para o treino:

- Respire fundo antes de começar e procure falar em um volume de voz que todos consigam ouvir. Pronuncie as palavras de modo claro, nem tão rápido nem tão devagar, assim fica mais fácil para os ouvintes entenderem e acompanharem a história.
- Se na hora você se esquecer de alguma parte, improvise, procurando lembrar-se das anotações que fez.
- Procure perceber qual é o momento mais emocionante do conto e reforce esse instante; faça suspense e converse com quem estiver ouvindo, fazendo perguntas sobre o que acham que acontecerá na história.

Revisão

3 Preencha o quadro abaixo para fazer uma revisão do seu ensaio.

	Sim	**Preciso fazer/refazer**
Conheço bem a história que vou contar?		
Sei quais são os personagens e quais são os momentos principais da narrativa?		
Sei qual é o momento mais emocionante da história e consigo valorizá-lo na hora da contação?		

Meu texto

4 Na hora da contação de histórias, não vale ler as anotações. É preciso estar preparado para interpretar a história e contá-la de modo que prenda a atenção de seu público. Procure se sentir confiante: você ensaiou, dará tudo certo!

HOZart Estúdio/Arquivo da editora

ATIVIDADES DO CAPÍTULO

1. O que os contos **A festa no céu** e **O homem mais rico do mundo** têm em comum?

☐ Os dois são contos brasileiros.

☐ Nos dois há animais que agem como humanos.

☐ Os dois são contos populares que são passados de geração a geração.

2. Nesta tirinha, os personagens Mafalda e Manolito estão conversando sobre sonhos. Leia:

© Joaquín Salvador Lavado (Quino)/Acervo do cartunista

a) No primeiro quadrinho, o pronome pessoal usado por Manolito ao falar dele mesmo a respeito de seu sonho é ____________________.

b) No último quadrinho, o pronome de tratamento usado por Mafalda ao falar com Manolito é ____________________.

3. Complete as palavras do quadro com **sc**, **sç** ou **xc**. Depois, utilize-as para completar as frases abaixo.

cre______am	adole______ente	E______elência

a) Minha filha caçula já tem 15 anos. Ela é uma ____________________.

b) Vossa ____________________ conhece o projeto de reciclagem?

c) Quero que meus cabelos ____________________ logo.

4. Use as expressões do quadro para completar abaixo as características do conto popular **O homem mais rico do mundo**.

	• um homem pobre	• um rei	• um reino
• um súdito	• liberdade	• generoso	• muito pobre

a) Poucos personagens: ______________, ______________,
______________.

b) A história se passa em um local indefinido: ______________.

c) A história tem poucos acontecimentos: um rei ______________ ouve falar de um homem ______________ e decide ajudá-lo. Vai até ele e descobre que o homem tem uma grande riqueza: a ______________ e o contato com a natureza.

5. Já pensou em contar essa história a seus parentes, conhecidos ou amigos? Faça isso; depois, conte aos colegas e ao professor como foi a experiência.

6. Observe o pronome de tratamento usado em cada frase e pinte apenas o quadrinho que corresponde ao cargo a que se refere.

a) Pergunta o súdito:
— Vossa Majestade gostaria de descansar um pouco?

rei | governador

b) Pergunta o ministro:
— Vossa Alteza chegou ontem de viagem?

príncipe | senador

c) Diz o jornalista em entrevista:
— Vossa Santidade deseja pregar a paz no mundo?

presidente da República | papa

CAPÍTULO

8 NO RITMO DO CORDEL

LEITURA 1

Você já ouviu falar em literatura de cordel? O que sabe sobre isso?

O cordel que seu professor lerá a seguir chama-se **Ditados populares**. Quem conhecer ditados populares que diga um! Mas que fale devagar, porque devagar se vai longe, como dizem por aí.

Ditados populares (primeira parte)

Sou brincalhão de palavras
Com essa literatura
Dos ditados populares
Eu tenho desenvoltura
Água mole em pedra dura
Tanto bate até que fura.

Vou contar outro ditado
No meu verso mais louco
Atenção meu pessoal
Quero ouvir refrão de troco
Que a alegria do pobre
Sempre dura muito pouco.

Outro dito popular
Onde afirmo que sei
Sendo da boca do povo
Todo dito já é lei
Em terra onde vive cego
Quem tem um olho é rei.

desenvoltura: qualidade de quem é desenvolto, desinibido, inquieto, travesso.

Gustavo Grazziano/Arquivo da editora

Outro dito eu já sei
Pois o verso não atrasa
Faço ditado em cordel
Para a rima que já dou asa
Que falando em roupa suja
Essa só se lava em casa.

Gustavo Grazziano/Arquivo da editora

No universo dos ditados
Juro que estou gostando
Mando outro para o público
Responder ao meu comando
Mais vale ter um na mão
Do que eu ter dois voando.

Outro provérbio do povo
O poeta adianta
Se hoje me encontro triste
Atiço minha garganta
E o povo comigo
Quem canta os males espanta.

atiço: reanimo, desperto, estimulo.
inflama: estimula.
leva: ganha, obtém como recompensa.

No mundo dos pensamentos
Uma ideia me inflama
Mas alguém é mais esperto
Leva pra si o programa
Papagaio come milho
Periquito leva a fama.

Flávio Veloso/Opção Brasil Imagens

Folhetos de cordel. Foto de 2011.

Quero ouvir lindo refrão
Desse meu povo querido
Esse dito vai e vem
Vem e vai é o seu sentido
Pois quem com o ferro fere
Com o ferro é ferido.

repico: toco repetidas vezes.

Para plateia presente
Brinco com os meus cordéis
Já ouvi da minha mãe
E apresento os papéis
Me digas com quem tu andas
E eu te direi quem és.

Esse aqui é engraçado
Subo já nesse degrau
Todo mundo já ouviu
E eu repico em sarau
Lá na casa do ferreiro
Todo espeto é de pau.

[...]

Minhas rimas de cordel, de César Obeid. São Paulo: Moderna, 2013.

Você gostou de ouvir a leitura que seu professor fez do texto? Qual sensação você teve ao escutar o cordel?

César Obeid

Nasceu na cidade de São Paulo em 1974.
É contador de histórias, educador e autor de diversos livros de literatura infantojuvenil. Costuma interagir com o público em suas apresentações, sempre com muito humor e improviso.

Renata von Poser/Acervo pessoal César Obeid

Gustavo Grazziano/Arquivo da editora

ATIVIDADES

1 O que você achou do ritmo desse cordel? Você gostou? Converse com seus colegas.

Estúdio Mil/
Arquivo da editora

2 Reveja a primeira estrofe do cordel e circule as rimas dos versos.

Sou brincalhão de palavras
Com essa literatura
Dos ditados populares
Eu tenho desenvoltura
Água mole em pedra dura
Tanto bate até que fura.

a) Quais versos rimam? Indique os números abaixo.

____

b) Com a orientação do professor, volte ao cordel e examine as rimas dos versos de outras estrofes do texto. Essas rimas são feitas na mesma ordem dos versos da primeira estrofe?

____

Cordel é um tipo de literatura popular muito comum no Nordeste do Brasil. É escrito em versos, com rimas, para ser declamado e acompanhado por instrumentos musicais. Costuma ser publicado em folhetos, que ficam expostos em cordéis (barbantes) em feiras populares e praças públicas. É pelo modo de mostrá-lo que o cordel recebeu esse nome.

3 O título do cordel é **Ditados populares**.

a) Qual é o ditado escrito na primeira estrofe? Circule-o no cordel.

b) O que esse ditado significa?

- ☐ Vale a pena acordar cedo, pois podemos ser recompensados por essa atitude.
- ☐ De tanto insistir em alguma coisa, é possível conseguir o que se deseja.
- ☐ Cantar ajuda a amenizar as dores e os problemas.

4 Releia os versos iniciais da primeira estrofe e responda: quem se apresenta nesses versos?

- [ ] Alguém que diz conhecer bem os ditados populares.
- [ ] Alguém que prefere não brincar com a literatura.
- [ ] Alguém que afirma não ter desenvoltura com as palavras.

5 O cordel **Ditados populares** foi escrito pelo autor César Obeid e publicado em seu livro *Minhas rimas de cordel*. No entanto, há pistas no texto de que esse cordel foi criado para ser declamado em voz alta para muitas pessoas, em uma apresentação. Sublinhe no texto, pelo menos, dois versos que tragam essas pistas.

6 Numa apresentação, a pessoa que declama o cordel espera envolver o público e fazer os ouvintes interagirem com ela. Você acha que o tema do cordel **Ditados populares** possibilita essa interação? Explique.

____

____

____

7 Reúna-se com um colega para escrever uma estrofe de seis versos que tenha um ditado popular. Dos seis versos, três precisam terminar com rima.

____

____

____

____

____

____

- É fácil encontrar palavras que rimem e que façam sentido em um texto?

MERGULHO NA ESCRITA GRAMÁTICA

Verbo: pessoa, número e conjugações

1 Observe o ditado a seguir, que aparece no cordel **Ditados populares**.

"Quem **canta** os males **espanta**."

Estúdio Mil/ Arquivo da editora

a) O que indicam as palavras destacadas?

☐ Indicam o nome de algo ou alguém.

☐ Indicam qualidades de algo ou alguém.

☐ Indicam ações que são feitas por algo ou alguém.

b) Observe as formas da palavra **canta** nas três pessoas do discurso: 1ª, 2ª e 3ª pessoas. Circule na tabela a pessoa do discurso e a forma (singular ou plural) que correspondem ao uso da palavra **canta** no verso lido.

Pessoa do discurso	Singular	Plural
1ª pessoa	Eu cant**o**.	Nós cant**amos**.
2ª pessoa	Tu cant**as**.	Vós cant**ais**.
3ª pessoa	Ele cant**a**.	Eles cant**am**.

2 Utilize as palavras do quadro abaixo para completar as frases na tabela.

espant**o** espant**a** espant**amos** espant**ais** espant**am** espant**as**

Pessoa do discurso	Singular	Plural
1ª pessoa	Eu ________________ os males.	Nós ________________ os males.
2ª pessoa	Tu ________________ os males.	Vós ________________ os males.
3ª pessoa	Ele ________________ os males.	Eles ________________ os males.

- As palavras do quadro são verbos. Elas indicam ações que acontecem no passado, no presente ou no futuro?

____

3 Os verbos também podem ser usados sem a indicação da pessoa do discurso. No caso dos verbos das atividades 1 e 2, eles ficariam deste modo:

cant**ar** | espant**ar**

- Observando como terminam os verbos no quadro a seguir, organize-os na tabela abaixo.

falar sorrir escrever partir amar vender

Verbos terminados em -ar	Verbos terminados em -er	Verbos terminados em -ir
__________	__________	__________
__________	__________	__________

As palavras que indicam **ação** são chamadas de **verbo**.

Também usamos verbos para indicar **estados** de um ser, como em "**Estou** triste", "**Ficávamos** contentes", além de **fenômenos da natureza**, como **chovia** e **ventou**.

O verbo está no **modo infinitivo** quando não indica pessoa do discurso nem tempo. Cada terminação no infinitivo indica uma **conjugação**:

- 1ª conjugação – terminação em **-ar**;
- 2ª conjugação – terminação em **-er**;
- 3ª conjugação – terminação em **-ir**.

4 Releia versos do cordel e complete as frases de acordo com o modelo abaixo.

"**Brinco** com os meus cordéis"

- A palavra **brinco** é uma forma do verbo **brincar**, da 1ª conjugação. Podemos dizer: eu **brinco**, na 1ª pessoa do **singular**.

a) "Papagaio **come** milho"

- A palavra **come** é uma forma do verbo **comer**, da ______ conjugação. Podemos dizer: **ele come**, na 3ª pessoa do ________________.

b) "Periquito **leva** a fama."

- A palavra **leva** é uma forma do verbo **levar**, da ______ conjugação. Podemos dizer: ________________ **leva**, na 3ª pessoa do singular.

MERGULHO NA ESCRITA ORTOGRAFIA

Acentuação de palavras oxítonas

Ilustrações: Estúdio Mil/ Arquivo da editora

1 Leia em voz alta este trecho do cordel:

Subo já nesse **degrau**
Todo mundo já **ouviu**
E eu repico em **sarau**

a) Separe as sílabas das palavras em destaque.

____

b) Pela posição da sílaba tônica dessas palavras, é possível dizer que elas são:

☐ oxítonas, pois a sílaba tônica é a última.

☐ paroxítonas, pois a sílaba tônica é a penúltima.

☐ proparoxítonas, pois a sílaba tônica é a antepenúltima.

2 Observe as palavras no quadro e complete a tabela abaixo, separando-as de acordo com sua terminação.

vatapá tonéis céu saí português jiló também
armazéns Esaú chapéus herói pastéis

Palavras terminadas em -a(s), -e(s), -o(s)	**Palavras terminadas em** -éu(s), -ói(s)	**Palavras terminadas em** -éis	**Palavras terminadas em** -em(ens)	**Palavras terminadas em** -u(s), -i(s) **sozinhos na sílaba**

3 Releia as palavras que você classificou na atividade anterior e responda: o que todas elas têm em comum?

____

As **palavras oxítonas** são aquelas que têm a última sílaba tônica. Recebem acento gráfico quando terminam em:

- **-a(s)**, **-e(s)**, **-o(s)**: Pará, café, avô.
- **-éu(s)**, **-ói(s)**: ilhéu, mausoléu, destrói.
- **-em(ens)**: Belém, haréns.
- **-éis**: anéis, carrosséis.
- **-u(s)**, **-i(s)** sozinhos na sílaba: Jaú, baús, Piauí.

4 Acentue as palavras oxítonas abaixo quando necessário.

Africa Studio/Shutterstock/Glow Images

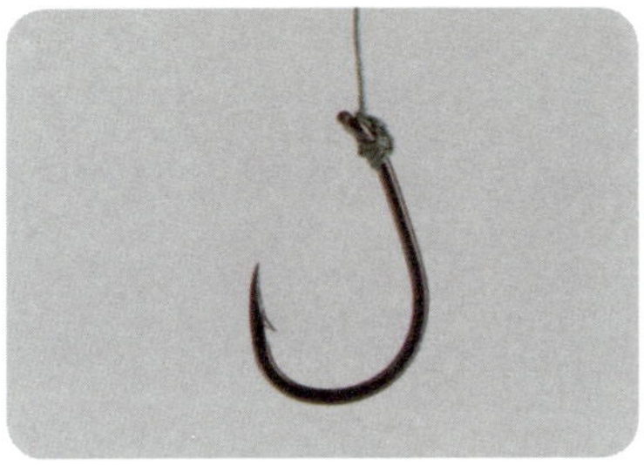

anzol

Corbis/Keystone

parabens

Fabio Colombini/Acervo do fotógrafo

sabia

Denis Tabler/Shutterstock/Glow Images

bebe

tae208/Shutterstock

jasmim

wonderisland/Shutterstock/Glow Images

caju

5 Releia outro trecho do cordel.

Para plateia presente
Brinco com os meus cordéis
Já ouvi da minha mãe
E apresento os papéis

a) Sublinhe no trecho acima as palavras oxítonas que rimam.

b) Por que essas palavras são acentuadas?

____

____

Estúdio Mil/ Arquivo da editora

LEITURA 2

Você vai ouvir a leitura que seu professor fará em voz alta da continuação do cordel **Ditados populares**. Preste atenção na forma criativa como o cordelista continua apresentando cada novo ditado.

Ditados populares (segunda parte)

[...]

Esse aqui tem controvérsias
Mas mantenho a minha fé
Pois o povo mantém
Sempre firme e de pé
Dizem que filho de peixe
Sempre um peixinho é.

Para dizer outro dito
Juro que eu não escapo
Nesse verso brincalhão
Não permite nenhum trapo
Bicando de grão em grão
A galinha enche o papo.

controvérsias: discussões, polêmicas; situações em que nem todos concordam com a ideia apresentada.

Na cultura do cordel
Eu nunca fecho a soma
Sinto em cada sorriso
O mais variado aroma
Escutando esse ditado
Quem tem boca vai a Roma

Mas que grande brincadeira
É ouvir os meus repentes
Rimas são como ganhar
Da mamãe lindos presentes
Quando o cavalo é dado
A gente não olha os dentes.

Esse aqui, caros ouvintes,
Versa sobre união
Que com ela nunca vamos
Errantes em contramão
Só com uma andorinha
Nunca se faz verão.

Brincadeiras de cordel
Têm o brilho do tesouro
Outro dito, o poeta
O verseja sem estouro
A palavra é de prata
O silêncio é de ouro.

errantes: aqueles que erram, que andam sem destino certo.

repentes: versos improvisados.

verseja: faz versos.

Gustavo Grazziano/Arquivo da editora

Esse aqui todos conhecem
É um famoso ditado
Que está vivo até hoje
Porque é do nosso agrado
Eu prefiro andar só
Do que mal acompanhado.

O que passou já passou
Não 'tá mais no meu caminho
Quero viver alegrias
Paz, amor, luz e carinho
Porque as águas passadas
Não movem o meu moinho.

Vou jogar outro ditado
Como quem arma seu laço
Pode aparecer estranho
E causar um embaraço
Pode fazer o que eu digo
Mas não fará o que eu faço.

moinho: engenho ou máquina que, movido a água ou a vento, serve para moer cereal.

Esse ditado contém
u'a sabedoria vasta
Pois quem é esperto nunca
Sai dizendo o quanto gasta
Para o bom entendedor
Só meia palavra basta.

Esse dito, meus ouvintes,
Vai falar de amizade
Que rima, mas não combina
coá palavra falsidade
Porque quem semeia os ventos
Sempre colhe tempestade.

coá: com a; o cordelista juntou duas palavras, omitindo um som para não perder o ritmo do verso.

u'a: uma; o cordelista omitiu um som da palavra para não perder o ritmo do verso.

vasta: ampla, grande; importante.

Gustavo Grazziano/Arquivo da editora

Reprodução/Ed. Moderna

Minhas rimas de cordel, de César Obeid. São Paulo: Moderna, 2013.

Você já conhecia todos esses ditados? Há algum entre eles que você costuma ouvir ou usar com mais frequência? Qual?

ATIVIDADES

1 Releia esta estrofe:

Esse aqui, caros ouvintes,
Versa sobre união
Que com ela nunca vamos
Errantes em contramão
Só com uma andorinha
Nunca se faz verão.

Tiago Queiroz/Agência Estado

A declamação é parte essencial da literatura de cordel, união entre a cultural oral e o domínio da palavra. Na foto, o cordelista João do Nascimento Santos apresenta seus versos em um sarau, em São Paulo (SP), 2009.

a) A quem o texto se dirige?

____

b) Assinale **V** para as alternativas verdadeiras e **F** para as falsas.

- O texto é dirigido aos ouvintes, provavelmente, porque:

☐ pode ser declamado em locais públicos, como feiras populares, praças e saraus.

☐ além da leitura silenciosa em livro, também pode ser utilizado em uma apresentação oral.

☐ foi feito apenas para a leitura silenciosa do livro em que foi publicado.

2 De qual estrofe você mais gostou?

____

____

3 Se você pudesse pedir ao cordelista para fazer uma estrofe com algum outro ditado popular que não aparece nesse cordel, qual ditado você escolheria?

____

____

____

Estúdio Mil/Arquivo da editora

4 Para mostrar e vender seu cordel em lugares públicos, os cordelistas costumam imprimir seus poemas em folhetos e ilustrar a capa desses folhetos com um desenho artesanal muito bonito chamado de **xilogravura**. Veja a capa do cordel **Brincadeiras populares**, de Abdias Campos.

Reprodução/Folhetaria Campos de Versos

- Assinale com **V** as alternativas verdadeiras e com **F** as falsas. Por essa capa, notamos que:
  - ☐ o papel é colorido, assim como a ilustração.
  - ☐ o título do cordel é escrito com letras grandes, em destaque.
  - ☐ a ilustração representa um tipo de brincadeira popular, que é o tema do cordel, conforme expresso no título.
  - ☐ o nome do autor não aparece na capa.

O cordel e a xilogravura

Os folhetos de cordel são compostos de textos e imagens. Essas imagens são uma parte fundamental do gênero, tão importantes quanto o texto, pois são produzidas por meio de uma técnica artística que permite a reprodução artesanal dos folhetos e suas imagens: a xilogravura.

A ilustração é obtida com base em uma estampa feita em relevo na madeira, por meio de entalhe, que é coberta por tinta e depois gravada em papel, como se fosse um carimbo. Essa técnica se popularizou no Nordeste do Brasil e se tornou uma característica indissociável da literatura de cordel.

Gentil Barreira/Imagem Brasil

Matriz de xilogravura sendo entalhada na madeira.

Franco Hoff/Pulsar Imagens

Formas em relevo na madeira sendo cobertas por tinta.

Fabio Colombini/Acervo do fotógrafo

A impressão da xilogravura em papel.

MERGULHO NA ESCRITA ORTOGRAFIA

Acentuação de palavras paroxítonas

1 Todas as palavras dos quadros abaixo são paroxítonas, pois a sílaba tônica delas é a penúltima. Observe as letras finais dessas palavras em cada quadro e, em seguida, complete as frases.

a)

júri	táxi	vírus	bônus

- Recebem acento gráfico as paroxítonas terminadas em ______ e ______, seguidas ou não de **s**.

b)

órfão	órfãos	órfã	órfãs

- Recebem acento gráfico as paroxítonas terminadas em ______ e ______, seguidas ou não de **s**.

c)

amável	sensível	útil	dócil

- Recebem acento gráfico as paroxítonas terminadas em ______.

d)

açúcar	caráter	éter

- Recebem acento gráfico as paroxítonas terminadas em ______.

e)

plâncton	gérmen	próton

- Recebem acento gráfico as paroxítonas terminadas em ______.

f)

tórax	ônix	fênix	látex

- Recebem acento gráfico as paroxítonas terminadas em ______.

2 Acentue as palavras paroxítonas abaixo apenas quando necessário.

Susanna Price/Dorling Kindersley/Getty Images
album

Luba/iStock/Getty Images
mochila

Elnur/Shutterstock/Glow Images
escada

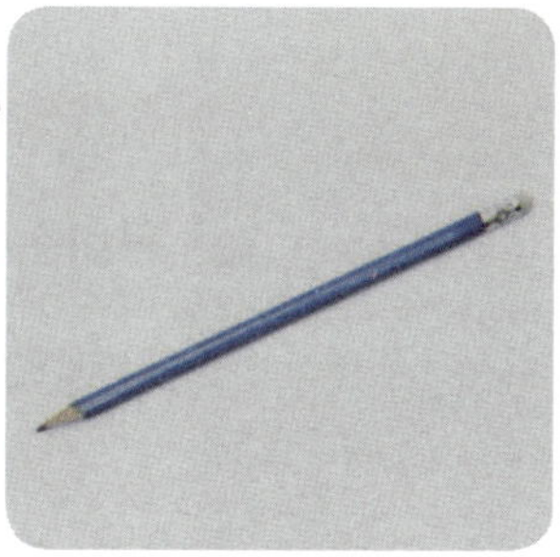
Julia Ivantsova/Shutterstock/Glow Images
lapis

Gertan/Shutterstock/Glow Images
automovel

Goran Bogicevic/Shutterstock/Glow Images
jovem

Goran Bogicevic/Shutterstock/Glow Images
Venus

NikiforTodorov/Shutterstock/Glow Images
onix

- Agora complete a cruzadinha só com as palavras do quadro que são graficamente acentuadas.

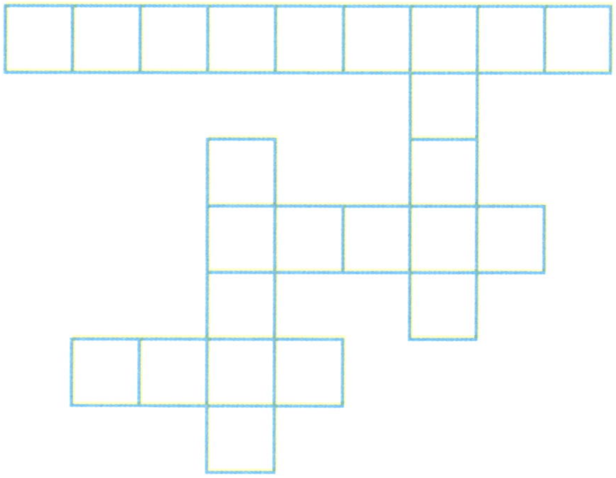

As palavras **paroxítonas** são aquelas que têm a penúltima sílaba tônica. Recebem acento gráfico, entre outros casos, quando:

- terminam em **-i** e **-u**, seguidas ou não de **s**: júri, táxis;
- terminam em **-ã** e **-ão**, seguidas ou não de **s**: sótão, sótãos;
- terminam em **-l**, **-r**, **-n** e **-x**: túnel, caráter, pólen, ônix;
- terminam em **-ps**: bíceps, fórceps;
- terminam em **-um** ou **-uns**: fórum, álbuns.

ENTENDER AS PALAVRAS: DICIONÁRIO

Palavras homônimas e parônimas

1. Releia este trecho do cordel **Ditados populares** (segunda parte).

   Vou contar outro ditado
   No meu **verso** mais louco

   a) Procure a palavra **verso** no dicionário. Essa palavra tem apenas um significado?

   b) Qual é o significado da palavra **verso** no trecho acima?

   c) Agora leia a frase abaixo. Qual é o significado da palavra **verso** neste caso?

   No **verso** da folha, anotei o telefone de um amigo.

2. Sobre a palavra **verso**, assinale com um **X** apenas a afirmação verdadeira.

   - [ ] A palavra **verso** apresenta duas escritas parecidas, mas sempre o mesmo significado.
   - [ ] A palavra **verso** pode ter a mesma escrita e significados diferentes dependendo da frase (do contexto) em que é usada.

> Palavras **homônimas** são aquelas que:
> **1.** têm a mesma grafia
> Exemplos: **verso** (da folha) e **verso** (em um poema); **banco** (para sentar) e **banco** (para guardar dinheiro).
> ou
> **2.** têm grafias um pouco diferentes, mas a mesma pronúncia
> Exemplos: **assento** (lugar para sentar) e **acento** (sinal gráfico); **concerto** (espetáculo) e **conserto** (ato de consertar).
> Tanto em um caso, quanto no outro, essas palavras têm significados diferentes.

HOZart Estúdio/Arquivo da editora

3. Leia as frases e responda às questões a seguir.

Ele foi um **cavalheiro** ao atender àquela senhora.

Ele é um **cavaleiro** muito hábil na montaria.

a) Nas duas frases, as palavras em destaque são escritas da mesma maneira?

____

____

b) As duas palavras em destaque têm o mesmo significado? Pesquise no dicionário.

____

____

____

4. Sobre as palavras **cavaleiro** e **cavalheiro**, assinale com um **X** apenas a afirmação verdadeira.

☐ As duas palavras são escritas da mesma forma.

☐ As duas palavras têm escrita e pronúncia semelhantes, mas não iguais.

As palavras **parônimas** são muito parecidas entre si, mas têm a grafia e a pronúncia diferentes. Os significados são sempre diferentes também.

Exemplos: **cavalheiro** e **cavaleiro**, **peão** (de boiadeiro) e **pião** (brinquedo), **descrição** (ato de descrever) e **discrição** (qualidade de quem é discreto).

5. Indique se as palavras em destaque nas frases são **parônimas** ou **homônimas**.

a) Eu **sinto** muito pelo que aconteceu.
Você deve colocar o **cinto** de segurança.

____

b) A **inflação** alterou o preço dos alimentos.
O motorista cometeu uma **infração** grave.

____

MEUS TEXTOS

Folheto de cordel

Reúna-se com alguns colegas para fazer um folheto de cordel apresentando uma brincadeira popular divertida.

Ao final, todos vão expor seu folheto em um varal no corredor da escola, conforme combinarem com o professor. Assim as brincadeiras poderão ser conhecidas por colegas e funcionários.

Planejamento

1 Preparem-se para criar os versos do cordel.

- Conversem sobre as brincadeiras populares preferidas de vocês. Algumas são conhecidas há muito tempo: telefone sem fio, passa anel, esconde-esconde, etc. Selecionem uma brincadeira para ser o tema do texto.
- Planejem de que modo vocês vão organizar os versos: quantos versos terá cada estrofe e quais versos terão palavras que rimam.
- Pensem na capa do folheto de vocês: o título do cordel deve ter relação com o nome da brincadeira apresentada e com a ilustração. Na capa também não poderá faltar o nome de cada um dos autores, ou seja, de vocês.

Pedro Hamdan/Arquivo da editora

2 Preparem-se também para criar as ilustrações do cordel.

- Revejam as fotos de xilogravuras apresentadas no capítulo. Observem os traços e cores usados e, se possível, procurem criar ilustrações semelhantes para os folhetos de vocês. Conversem com o professor sobre possíveis materiais para realizar esse trabalho.

Rascunho

3 Vocês podem começar a escrita do cordel explicando como é a brincadeira escolhida. Leiam a segunda estrofe do cordel **Brincadeiras populares**, de Abdias Campos, como inspiração:

Pra brincar de **Amarelinha**
Faz um desenho no chão
Com quadrados ou retângulos
Risca com giz ou carvão
No topo faz forma oval
E põe a numeração

Meu cordelzinho de histórias, de Abdias Campos. Audiolivro. Recife: Fábrica Estúdios, 2010.

Revisão

4 Utilizem o quadro abaixo para revisar os versos do cordel. Se necessário, façam os ajustes no texto.

	Sim	Precisamos fazer/refazer
Escrevemos na capa do folheto os nossos nomes e o título do cordel?		
Ilustramos a capa com a brincadeira apresentada no texto?		
Escrevemos nosso texto em versos agrupados em estrofes?		
Há versos que rimam em todas as estrofes?		
A ortografia foi revisada e o dicionário foi consultado em casos de dúvidas sobre a escrita de uma palavra?		

Meu texto

Com o folheto pronto, é só preparar o varal com os demais grupos da classe e fazer uma exposição dos poemas de cordel que vocês criaram!

Se possível, marquem um dia para fazer uma exposição dos poemas e convidem as outras classes. Para isso, é preciso combinar uma data com bastante antecedência.

ATIVIDADES DO CAPÍTULO

1. Neste capítulo, você leu o cordel **Ditados populares**. Leia agora a estrofe de outro cordel, chamado **As façanhas de João Mole**, de Patativa do Assaré.

Agora, caro leitor,
Não **desaprove** o que digo
Todo homem **tem** coragem
O rico, o pobre e o mendigo
No ponto da HORA H
Insulte um, e **verá**
O mais feroz inimigo.

Patativa do Assaré: uma voz do Nordeste, de Sylvie Debs. São Paulo: Hedra, 2007. p. 26.

Estúdio Mil/Arquivo da editora

hora H: momento oportuno, hora exata em que um fato acontece.

a) Circule as rimas no fim dos versos. Em quais versos da estrofe há palavras que rimam?

____

b) Compare esse cordel com o outro que você leu neste capítulo e responda: o principal público para o qual esse texto foi escrito é o mesmo do cordel **Ditados populares**? Explique.

____

____

____

c) Observe os verbos em destaque no trecho do cordel e complete as frases a seguir.

- A palavra **desaprove** é uma forma do verbo **desaprovar**, da ________ conjugação. Podemos dizer: ele desaprova, na 3ª pessoa do ________________.
- A palavra **tem** é uma forma do verbo **ter**, da ________ conjugação. Podemos dizer: ele tem, na 3ª pessoa do ________________.

- A palavra **insulte** é uma forma do verbo ____________________, da _______ conjugação. Podemos dizer: eles insultam, na _______ pessoa do ____________________.

- A palavra **verá** é uma forma do verbo **ver**, da _______ conjugação. Podemos dizer: nós ____________________, na _______ pessoa do ____________________.

2. Leia as palavras da lista em voz alta para descobrir qual é a sílaba tônica de cada uma. Circule a sílaba tônica e, de acordo com a posição dela, escreva se a palavra é oxítona ou paroxítona.

a) homem ____________________

b) celular ____________________

c) discutem ____________________

d) adorável ____________________

e) gelado ____________________

f) garanto ____________________

g) padeiro ____________________

h) devorei ____________________

- Agora responda: qual dessas palavras recebe acento gráfico? Por quê?

____

3. Consulte um dicionário para explicar o significado dos homônimos abaixo. Como cada palavra tem mais de uma explicação, procure aquela que mais combina com a imagem. Escreva suas conclusões.

manga

____

____

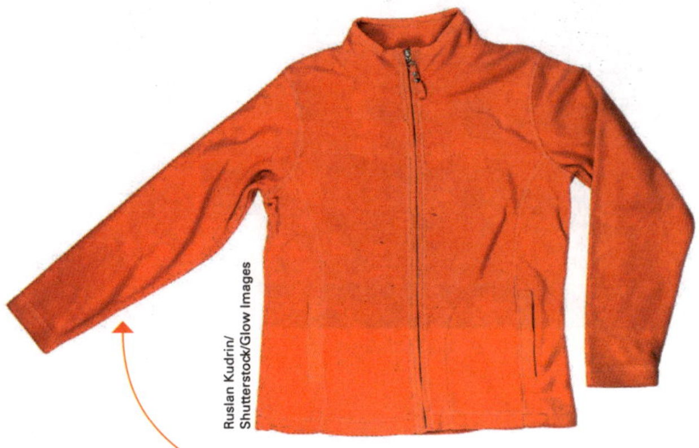

manga

____

____

LEITURA DE IMAGEM

A arte das ruas nos museus

Muitas vezes saímos de casa ou da escola para ver obras de arte em museus. Mas você já reparou que as cidades e seus espaços públicos são um verdadeiro museu a céu aberto? Você já viu alguma obra de arte na rua? Como ela era? Onde estava?

Observe

Thomas Hoepker / Magnum Photos/Latinstock

Crianças acompanham explicação sobre a pintura **Eu e a vila**, de Marc Chagall, em visita ao Museu de Arte Moderna (MoMA) de Nova York, Estados Unidos. Foto de 2005.

Tiago Queiroz/Agência Estado

Casal observa obra de arte da dupla de grafiteiros OSGEMEOS em parede do Museu de Arte Moderna (MAM), em São Paulo (SP). Foto de 2010.

Analise

1. Compare as duas obras de arte mostradas nas fotos:

a) Qual delas parece maior? Como conseguimos descobrir isso?

____

____

____

____

____

b) O que essas obras têm de semelhante? Assinale com um **X** as respostas corretas.

- [ ] Uso de cores fortes, como vermelho e verde.
- [ ] Presença maior de cores sóbrias e claras, como bege e cinza.
- [ ] Representação fiel da realidade.
- [ ] Uso de diferentes planos: figuras que parecem mais próximas ou mais distantes.

2. Ao fotografar os espectadores de costas para a câmera e de frente para as obras, o fotógrafo pretendeu destacar:

- [ ] apenas as obras de arte.
- [ ] somente as paredes e instalações do museu.
- [ ] principalmente as pessoas observando as obras.

Relacione

3. Neste capítulo, você leu um cordel. O cordel, assim como o grafite, é uma expressão artística que se manifesta nas ruas, perto do público. Você gosta de ver arte nas ruas por onde passa? Por quê?

CAPÍTULO 9

SABEDORIA POPULAR

LEITURA 1

Você já ouviu falar no uirapuru? O que sabe sobre esse pássaro? Existe algum pássaro típico da região onde você vive? Você sabe o nome dele?

O texto que você vai ler é uma lenda. O que você sabe sobre lendas?

Uirapuru

Os nativos da Floresta Amazônica contam que, no Sul do Brasil, existia uma tribo de índios valentes e que um dos guerreiros era apaixonado pela filha do cacique.

Ele era um rapaz forte e inteligente. E a moça era bonita e delicada. Os dois se conheceram numa festa da tribo e logo se apaixonaram.

Mas havia um problema: o cacique já tinha prometido que sua jovem filha se casaria com outro guerreiro. Mesmo assim, o casal namorava escondido. E sempre que o cacique saía para caçar ou pescar, os dois apaixonados se encontravam.

Certo dia, a indiazinha, incomodada com aquela situação, disse para o seu amado:

— Temos que contar para o meu pai sobre o nosso namoro. Ele não vai nos perdoar se descobrir essa traição.

O guerreiro passou dias e dias pensando em como falar com o cacique sobre o seu namoro com a linda indiazinha, mas não conseguia descobrir uma maneira.

Então, o cacique acabou descobrindo tudo, por conta própria. E, adivinhe: ficou furioso!

— Isso foi uma traição! Guerreiro não trai cacique! E filha de cacique já é prometida para outro homem! Vocês vão pagar por isso!

Muito brabo, o cacique invocou Tupã:

— Tupã, peço que o guerreiro que se apaixonou pela minha filha seja transformado em um pássaro e passe o resto da vida voando pelas matas.

A indiazinha, desesperada, gritava:

— Não, pai! Por favor, não! Eu me caso com o guerreiro prometido, mas não faça mal ao meu amado!

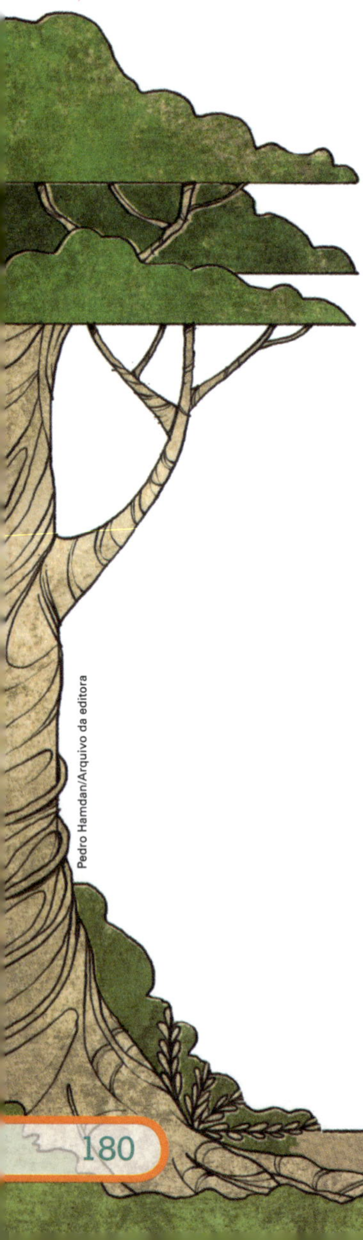
Pedro Hamdan/Arquivo da editora

cacique: chefe de tribo indígena.

Tupã: na mitologia dos povos indígenas de língua tupi, é o trovão, considerado uma divindade.

Mas Tupã atendeu ao pedido do cacique e transformou o jovem guerreiro num pássaro chamado Uirapuru.

Muito triste por ter perdido a sua amada, o guerreiro, agora em forma de pássaro, cantava todos os dias, ao amanhecer, por cinco ou dez minutos, bem pertinho da oca onde dormia a indiazinha. Fazia isso para matar um pouco da sua saudade.

Quando soube disso, o cacique ficou louco da vida. Reuniu os maiores caçadores da tribo para capturarem o pássaro.

Ao saber dos planos do pai, a indiazinha correu para avisar o pássaro, no meio da floresta. Ele precisava fugir para bem longe.

— Não vou fugir! Ficar longe de você é pior do que a morte! — exclamou o jovem transformado em pássaro.

E a indiazinha respondeu:

— Mas se eu souber que você está vivo, minha tristeza será menor, porque, em algum lugar, você continuará cantando o nosso amor!

Então, o pássaro saiu voando, sem destino, até chegar ao Norte do Brasil, na Floresta Amazônica, onde vive até hoje.

Esta é a história do Uirapuru, um pássaro raro, de cor avermelhada, que não se mostra facilmente. Quando ele canta, o som é tão bonito que todas as outras aves da floresta se calam.

Segundo a lenda, quem encontra um Uirapuru tem qualquer desejo realizado, pois este pássaro é o símbolo mágico da felicidade. E é por isso que os indígenas o respeitam tanto e transmitem sua história de geração para geração.

Turma da Mônica – Lendas brasileiras, de Mauricio de Sousa. Barueri: Girassol, 2009. p. 154-168.

ATIVIDADES

1 Quais são os personagens da história lida? Assinale com um **X** apenas as alternativas corretas.

- [ ] guerreiro indígena
- [ ] pajé
- [ ] índia
- [ ] cacique
- [ ] lua
- [ ] Tupã

2 Um desses personagens muda de forma, torna-se outro ser.

a) Qual deles?

____

b) O que ele se torna?

____

c) Quem promove essa transformação?

____

3 Leia estas informações sobre o uirapuru:

Zig Koch/Opção Brasil Imagens

São bastante raras as pessoas que conseguem (ou conseguiram) ouvir o uirapuru cantar. Isso se deve a alguns aspectos importantes: 1. esse pássaro canta nos galhos mais altos das matas e florestas amazônicas; 2. o canto visa atrair a fêmea para o acasalamento; 3. dura somente de dez a quinze minutos; 4. ocorre apenas ao amanhecer e ao anoitecer; 5. o uirapuru canta, unicamente, durante a construção do seu ninho (cerca de quinze dias por ano).

[...]

Adaptado de: <http://basilio.fundaj.gov.br>. Acesso em: 12 fev. 2016.

De acordo com esse texto, por que o uirapuru canta?

____

4 Leia as explicações sobre o canto do uirapuru e converse com seus colegas e o professor sobre as questões abaixo.

Explicação dada na lenda	Explicação dada no texto informativo
O uirapuru canta porque está com saudade de sua amada, a índia.	O uirapuru canta para atrair a fêmea para o acasalamento, na época de construção do ninho.

a) Em sua opinião, qual é a explicação mais bonita?

b) Também em sua opinião, qual delas é a melhor explicação? Por quê?

5 Releia a lenda **Uirapuru** prestando atenção aos termos circulados de laranja. Essas palavras e expressões são **organizadores temporais**, elas têm a função de encadear a sequência de eventos da história.

Lendas são narrativas que procuram explicar fenômenos da natureza ou acontecimentos misteriosos. Transmitidas oralmente de geração a geração, essas narrativas costumam revelar os valores da cultura da qual fazem parte.

- Agora, leia abaixo um resumo da lenda do uirapuru:

Em uma tribo de índios do Sul do Brasil, havia um guerreiro apaixonado pela filha do cacique, que já estava prometida em casamento para outro índio. A índia e o guerreiro namoravam escondido, então o cacique descobriu e ficou furioso. Então o cacique pediu para Tupã transformar o guerreiro em um pássaro chamado uirapuru. Então o uirapuru passou a cantar todas as manhãs para sua amada, como forma de matar a saudade. Então o cacique novamente descobriu o que estava acontecendo e reuniu os outros guerreiros para capturar o pássaro. Então a indiazinha pediu a seu amado que voasse para longe. Então o uirapuru fugiu para a Floresta Amazônica, onde canta até hoje o amor que sentia pela índia.

Pedro Hamdan/ Arquivo da editora

a) Você notou que a palavra **então** foi repetida diversas vezes nesse resumo? Reescreva esse texto no caderno substituindo o **então** por outras expressões, como as que estão circuladas na lenda.

b) Qual das duas versões você acha que ficou melhor? Por quê?

____

____

____

MERGULHO NA ESCRITA GRAMÁTICA

Tempos verbais: presente, passado e futuro

1 Releia este trecho da lenda **Uirapuru**.

> Quando soube disso, o cacique **ficou** louco da vida. **Reuniu** os maiores caçadores da tribo para capturarem o pássaro.
>
> Ao saber dos planos do pai, a indiazinha **correu** para avisar o pássaro, no meio da floresta. Ele precisava fugir para bem longe.

- Os verbos **ficou**, **reuniu** e **correu** indicam ações que aconteceram em um momento anterior àquele em que a história foi contada. Portanto, essas ações aconteceram no tempo:

  ☐ presente. ☐ passado. ☐ futuro.

2 Agora releia este trecho.

> Então, o pássaro saiu voando, sem destino, até chegar ao Norte do Brasil, na Floresta Amazônica, onde **vive** até hoje.
>
> Esta **é** a história do Uirapuru, um pássaro raro, de cor avermelhada, que não se **mostra** facilmente. Quando ele **canta**, o som **é** tão bonito que todas as outras aves da floresta se **calam**.

- Os verbos **vive**, **é**, **mostra**, **canta** e **calam** indicam ações que acontecem ou costumam acontecer no momento em que a história é contada. Portanto, essas ações acontecem no tempo:

  ☐ presente. ☐ passado. ☐ futuro.

Pedro Hamdan/ Arquivo da editora

O **verbo** é modificado ou flexionado para indicar o tempo em que acontece a ação, o fenômeno da natureza ou o estado do ser que ele indica.

Os **tempos** indicados pelo **verbo** são:

- **presente**: indica uma ação que ocorre no momento em que se fala ou ocorre com frequência. Por exemplo: *O pássaro* ***canta***.
- **passado (ou pretérito)**: indica uma ação ocorrida antes do momento em que se fala. Por exemplo: *O pássaro* ***cantou***.
- **futuro**: indica uma ação que ocorrerá após o momento em que se fala. Por exemplo: *O pássaro* ***cantará***.

3 Complete as frases colocando os verbos no tempo indicado nos quadrinhos.

a) As aulas ______________________ cedo hoje. [acabar – passado]

b) Com o calor, o sorvete ______________________! [derreter – passado]

c) Cris ______________________ de viagem amanhã. [chegar – futuro]

d) Todas as manhãs as galinhas ______________________. [cantar – presente]

4 Complete cada conjunto de frases colocando os verbos no tempo indicado.

a) Verbo **cantar**, no passado.

Eu ______________________ ontem.

Ele ______________________ com emoção.

Nós ______________________ bem!

b) Verbo **conhecer**, no presente.

Rick e Leonardo ______________________ Mariana.

Eu ______________________ Pernambuco.

Ela ______________________ sua tia há muito tempo.

c) Verbo **ouvir**, no futuro.

Ele ______________________ nossa música.

Eles ______________________ elogios quando o jogo terminar.

Eu ______________________ as ondas do mar quando for à praia.

Filipe Rocha/Arquivo da editora

5 Indique o tempo verbal de cada uma das palavras abaixo.

a) saberão: ______________________

b) comeram: ______________________

c) li: ______________________

d) tocou: ______________________

e) faremos: ______________________

f) penso: ______________________

MERGULHO NA ESCRITA ORTOGRAFIA

Acentuação de palavras proparoxítonas

1 Separe as sílabas das palavras abaixo.

- pássaro: ____________________
- uirapuru: ____________________
- mágico: ____________________
- indígenas: ____________________
- amazônica: ____________________
- árvore: ____________________

a) Leia cada palavra em voz alta, encontre e circule a sílaba tônica de cada uma delas.

b) Em relação às palavras acima, escreva **V** para as alternativas verdadeiras e **F** para as falsas.

☐ A palavra **uirapuru** é oxítona e não leva acento gráfico.

☐ Todas as palavras proparoxítonas receberam acento gráfico.

☐ Nas palavras proparoxítonas, a sílaba tônica é a última.

☐ Nas palavras proparoxítonas, a sílaba tônica é a antepenúltima.

2 Organize as sílabas das palavras proparoxítonas abaixo e coloque o acento gráfico na sílaba tônica.

Somchai Som/ Shutterstock/ Glow Images

pa | lam | da

____

Robert Kneschke/Keystone

man | ti | ro | co

____

> As palavras **proparoxítonas** são aquelas que têm a antepenúltima sílaba tônica. Todas as palavras **proparoxítonas** recebem acento gráfico.
>
> Exemplos: **mé**dico, **vír**gula, **pá**lidos.

3 Circule as palavras proparoxítonas do quadro.

óculos	avestruz	juiz	música	táxi	épico	Vênus
hipopótamo	líder	Júpiter	gélido	jacaré	frio	
tática	Saturno	matematicamente	pêssego	maçã		

- Complete a cruzadinha utilizando apenas as palavras que você circulou.

4 Leia o título do livro ao lado. Copie a palavra do título que é proparoxítona.

____

Contos e lendas dos Jogos Olímpicos, de Gilles Massardier. São Paulo: Companhia das Letras, 2011.

LEITURA 2

Você sabe o que é uma **expressão idiomática**?

Há alguma que você conheça? Um passarinho me contou que as pessoas costumam usar várias expressões idiomáticas no dia a dia e, muitas vezes, nem percebem. Será que você já usou alguma?

Hora do vamos ver.

Ficar de cara amarrada.

Ganhar tempo.

Ter minhocas na cabeça.

Conversa para boi dormir.

Ter dor de cotovelo.

Dar uma mão.

Ficar de lenga-lenga.

Ilustrações: Pedro Hamdan/Arquivo da editora

ATIVIDADES

1 Converse com os colegas e com o professor: Vocês já conheciam essas expressões idiomáticas? Há alguma que vocês já tenham usado? Em qual situação? Há alguma que vocês não conheciam? O que acham que ela quer dizer?

2 Observe as ilustrações e leia mais algumas expressões idiomáticas. Depois, responda ao que se pede.

Estúdio Mil/Arquivo da editora

Ontem o André **quebrou um galho para mim**; sem a ajuda dele eu não teria conseguido entregar aquele trabalho.

Estúdio Mil/Arquivo da editora

A Luciana **está em cima do muro**, ela ainda não sabe se vai viajar para a praia ou para o campo.

a) Você conhece essas expressões idiomáticas? Qual é o significado de cada uma delas nessas frases? Converse com seus colegas.

b) As ilustrações estão adequadas ao sentido delas?

____

____

3 Faça uma pesquisa com seus familiares e escreva no caderno outras expressões idiomáticas que não foram citadas ainda. Depois, compartilhe-as com os colegas.

A **expressão idiomática** é uma frase ou expressão de uso informal cujo sentido não é literal, ou seja, as palavras da expressão idiomática não estão sendo usadas em seu sentido comum. Por exemplo: ao lermos as palavras **água**, **copo** e **tempestade**, pensamos imediatamente no sentido comum que elas têm. É o **sentido literal**.

Mas quando lemos a expressão idiomática “fazer tempestade em copo d’água”, percebemos que essas palavras em conjunto passam a ter outro sentido, dando a ideia de: “exagerar algo, causar maior comoção do que o necessário sobre alguma situação”. É o **sentido figurado**.

MERGULHO NA ESCRITA GRAMÁTICA

Concordância verbal

1 No texto a seguir, o jornalista Marcos Piangers fala sobre sua filha Anita, de dez anos. Leia com atenção os verbos destacados no trecho.

> **avareza:** qualidade de quem é mesquinho; ter muito apego ao dinheiro.

Esta é pra quem virou fã da Anita pelas coisas que ela **falou** na TV dia desses. [...]. Mas eu sou fã da Anita há muito tempo.

[...]

Em determinado momento, ela começou a trocar palavras importantes em expressões idiomáticas. "Pai, eu **sou** meio mão-dura", que é uma mistura de mão fechada com pão-duro. Talvez seja até uma nova forma de avareza.

[...] E, numa noite, eu estava assistindo a um documentário dos Rolling Stones e ela me perguntou: "Como eles **podem ter** esse cabelo malucão?". E eu respondi: "Porque eles são artistas". E ela me disse: "Então, eu quero ser artista". [...]

Disponível em: <http://zh.clicrbs.com.br/rs/vida-e-estilo/vida/noticia/2015/10/marcos-piangers-fas-da-minha-filha-4885184.html>. Acesso em: 15 fev. 2016.

a) Observe os verbos e locuções verbais destacados no trecho. Depois, escreva **V** para as alternativas verdadeiras e **F** para as falsas.

- ☐ O verbo **falou** indica uma ação praticada por Anita, identificada na frase pelo pronome **ela**.
- ☐ O verbo **sou** indica um estado assumido por Anita, identificada na frase pelo pronome **eu.**
- ☐ A locução verbal **podem ter** indica uma ação praticada por Anita, artista da banda Rolling Stones, identificada na frase pelo pronome eles.

b) No caderno, corrija a alternativa falsa do item anterior, indicando corretamente quem pratica a ação do verbo ou locução verbal.

2 Agora, observe o último parágrafo escrito desta outra maneira:

E, numa noite, eu estava assistindo a um documentário dos Rolling Stones e a Anita e a irmã dela me **perguntaram**: "Como eles podem ter esse cabelo malucão?". E eu respondi: "Porque eles são artistas". E elas me **disseram**: "Então, nós **queremos ser** artistas". [...].

- O que mudou na forma como os verbos em destaque foram escritos? Por que você acha que ocorreu essa mudança?

3 Observe as frases abaixo, adaptadas do texto.

1. Ela **era** tão nova.
2. Anita **tinha** uns seis anos.
3. Eles **é** artistas.
4. Eles **podem** ter esse cabelão.

- Na frase 1, o verbo **era** está no singular e refere-se à palavra **ela**, que também está no singular. O verbo **era** e a palavra **ela** concordam, pois as duas estão no singular.

a) Circule a frase em que não há concordância com o verbo.

b) Explique por que não há concordância nessa frase.

____

____

> O verbo deve **concordar** com a(s) palavra(s) que indica(m) a pessoa que pratica uma ação ou que assume um estado.

4 Observe o exemplo e complete as frases a seguir.

Eles **adoraram** o filme!

Nesse caso, o verbo **adorar** está no plural, concordando com a palavra **eles**.

João Vítor **voltou** da viagem ontem.

Nesse caso, o verbo ________________ está na ______ pessoa do ________________,

concordando com o nome ______________________________.

Aquele cachorrinho **observa** a rua pela janela de vidro todas as tardes.

Nesse caso, o verbo ________________ está na ______ pessoa do ________________,

concordando com a palavra ______________________________.

Laís, Zeca e eu **gostamos** das sobremesas daquele restaurante.

Nesse caso, o verbo ________________ está na ______ pessoa do ________________,

concordando com os nomes ____________________ juntos com o pronome ______.

Se tudo correr bem, nossos jogadores **vencerão** o campeonato.

Nesse caso, o verbo ________________ está na ______ pessoa do ________________,

concordando com a palavra ______________________________.

MEUS TEXTOS

Expressão idiomática

Reúna-se com alguns colegas de classe para esta tarefa: vocês vão escolher uma das expressões idiomáticas e encenar uma situação em que ela pode ser usada. Imaginem a situação e pensem em um modo de encená-la. Ao final, apresentem a encenação para os demais colegas e o professor.

Planejamento

1 Para produzirem a cena, sigam as instruções abaixo.

- Escolham uma expressão idiomática e pesquisem para saber o que ela significa e em que situação costuma ser usada. Vocês podem conversar com pessoas do seu convívio e pedir que relatem uma situação em que usaram essa expressão.
- Imaginem uma cena: uma representação curta (2 a 4 minutos, no máximo), com poucos personagens e poucas falas, que mostre uma situação de uso da expressão idiomática escolhida.
- Para o cenário, procurem usar apenas os elementos da classe. Sejam criativos. Vale também o improviso.

Pedro Hamdan/
Arquivo da editora

Rascunho e ensaio

2 Combinem entre vocês a ideia geral da situação que vão encenar e qual será a fala de cada um. Escrevam um rascunho da cena com as falas. Façam a apresentação para o professor para que ele opine e sugira melhorias.

Revisão

3 Após o ensaio, façam a revisão no quadro abaixo.

	Sim	Precisamos fazer/refazer
A situação que criamos está adequada à expressão idiomática que escolhemos?		
Sabemos nossas falas e o que devemos fazer no momento da apresentação?		

Meu texto

Para o momento da apresentação, lembrem-se de soltar a voz, de tentar imitar os movimentos de corpo que uma pessoa realmente faria se estivesse em tal situação. Prestem atenção também à encenação dos colegas. Procurem observar se as cenas mostram realmente uma situação em que a expressão idiomática escolhida costuma ser usada.

Pedro Hamdan/Arquivo da editora

ATIVIDADES DO CAPÍTULO

1. Assinale com **L** as alternativas relacionadas às características da **lenda** e com **EI** aquelas que forem relacionadas às características das **expressões idiomáticas**.

- [ ] São histórias passadas de geração a geração.
- [ ] São frases usadas em situações informais.
- [ ] Não têm sentido literal e são usadas em conversas do dia a dia.
- [ ] Apresentam histórias que procuram explicar de modo não científico como surgiu algo.

2. Complete as frases da tabela com os verbos no tempo indicado.

Verbo	Passado	Presente	Futuro
amar	Nós ____________ o filme que vimos ontem. Ele ____________ o filme que viu ontem.	Eu ____________ este sorvete! Ele ____________ este sorvete!	Nós ____________ sua escolha. Ele ____________ sua escolha.
ler	Nós ____________ esse poema ontem. Eles ____________ esse poema ontem.	Eu ____________ sua carta todos os dias. Eles ____________ sua carta todos os dias.	Eu ____________ sua carta daqui a um mês. Ele ____________ sua carta daqui a um mês.
abrir	Eu ____________ o presente ontem. Ele ____________ o presente ontem.	Eu ____________ o presente para você. Ele ____________ o presente para você.	Eu ____________ o presente quando chegar. Ele ____________ o presente quando chegar.

3. Copie a lista no caderno e coloque os acentos que estão faltando nas palavras proparoxítonas.

Estúdio Ornitorinco/Arquivo da editora

4. Complete as frases, de acordo com as indicações, utilizando a forma adequada dos verbos.

a) Leandro e eu ______________________ nossas camisetas.

- verbo **pintar** na 1ª pessoa do plural / passado

b) Meu avô ______________________ um macarrão com brócolis delicioso.

- verbo **fazer** na 3ª pessoa do singular / presente

c) A Vilma ______________________ dois bolos para o fim de semana.

- verbo **preparar** na 3ª pessoa do singular / futuro

O QUE APRENDI?

Bruno Nunes/Arquivo da editora

1. Você já viu essa imagem no início da Unidade. Nela, estão representados vários personagens que agora você já conhece. Você consegue se lembrar de quais histórias desta Unidade esses personagens fazem parte?

   a) O urubu e o sapo: ______

   b) O rei e o homem ao lado dele: ______

   c) A indiazinha e o pássaro: ______

2. O rei e o homem são personagens de um conto popular. Os contos populares são:

   ☐ histórias baseadas em acontecimentos reais do cotidiano.

   ☐ histórias da tradição, que são contadas oralmente, de geração a geração.

   ☐ histórias escritas em verso, rimadas e publicadas em folhetos de cordel.

3. Essa imagem não é uma xilogravura, pois é colorida e feita com outras técnicas. Se fosse uma xilogravura, ela poderia pertencer a:

   ☐ uma expressão idiomática. ☐ uma lenda. ☐ um cordel.

4. Lembre-se das ações dos personagens das histórias que você leu nesta Unidade e copie as frases, fazendo substituições conforme a legenda.

◆ → Trocar por pronomes de tratamento.

✱ → Trocar pelas letras **sc**, **sç** ou **xc**.

a) ◆ pode me jogar em qualquer lugar, urubu, e✱eto na água!

____

____

b) ◆ gosta de ver o na✱er do sol todos os dias.

____

____

5. Elabore frases que contenham as expressões idiomáticas indicadas, usando os pronomes pessoais e os tempos verbais abaixo.

a) Conversa para boi dormir.

- Pronome pessoal: eles.
- Tempo verbal: passado.

____

b) Minhocas na cabeça.

- Pronome pessoal: eu.
- Tempo verbal: presente.

____

MINHA COLEÇÃO DE PALAVRAS

Escreva, com suas palavras, o que você entende por:

- palavras parônimas: ____

____

____

- palavras proparoxítonas: ____

____

UNIDADE 4

O VALOR DA VERDADE

Cena do filme **As aventuras de Pinocchio**, de Steve Barron (dir.). Estados Unidos: Playarte, 1996.

Everett Collection/Keystone

- Você conhece o personagem desse filme? Como é esse personagem?
- Na história, esse personagem conta várias mentiras. O que você acha desse comportamento? Em sua opinião, é correto enganar as outras pessoas?
- Você conhece histórias em que os personagens contam mentiras? Como são essas histórias? Como elas terminam?

CAPÍTULO 10

QUEM CONTA UM CASO ENSINA OS OUTROS

LEITURA 1

Você vai ler um conto de artimanha. Você sabe o que é **artimanha**? Alguma vez já teve de agir com artimanha para se sair bem de uma situação?

Leia o título do texto e observe as imagens que o acompanham. A história se passa no guichê de uma estação de trem que, segundo a placa, proíbe viajar com animais. Sabendo disso, que aposta você imagina que será feita pela passageira? Com quem ela teria feito essa aposta?

A aposta

Já há cinco anos sem ver chuva, dona Durvalina percebeu que deveria mudar de vida e do sertão da Bahia.

Vendeu sua terrinha, deu seu cachorro e o papagaio à comadre, juntou os nove filhos e resolveu ir para os lados de Minas Gerais, onde morava uma irmã sua.

Antes de tomar o trem, era preciso caminhar um longo trecho, mais longo ainda porque cada um carregava sua pesada trouxa. Dona Durvalina, à frente, levava também um cesto, com a pata Dedé. Não quis desfazer-se da ave, porque um ovo por dia estaria sempre garantido.

Hagaquezart Estúdio/Arquivo da editora

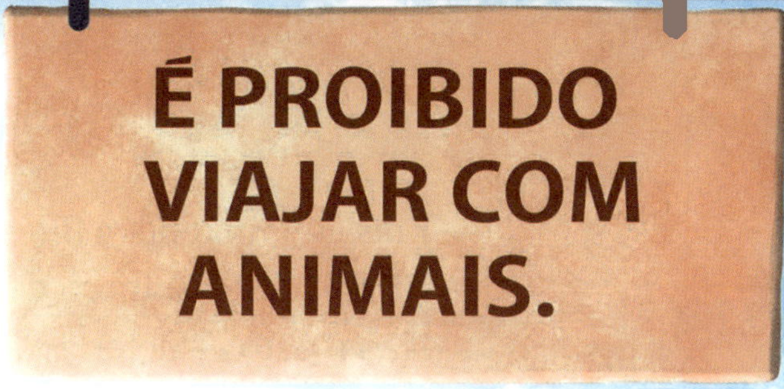

Hagaquezart Estúdio/Arquivo da editora

Quatro quilômetros depois, viram a estação. Faltava ainda meia hora para o trem partir, mas os poucos passageiros já começavam a embarcar. Contente, a mulher encaminhou-se para o lugar onde se vendiam as passagens. Assim que entrou, viu, bem sobre o guichê, uma grande placa onde estava escrito, em vistosas letras vermelhas: É PROIBIDO VIAJAR COM ANIMAIS.

E agora? Que fazer? Abandonar a pata Dedé? Nunca! Dona Durvalina pôs a tampa no cesto, fechou-o muito bem e foi em frente.

— Dez passagens, por favor! — disse ao vendedor de bilhetes.

— Quem! Quem! — fez Dedé dentro do cesto.

— Como? — perguntou o homem.

— Quero dez bilhetes. Quanto é?

— Quem!

— São duzentos cruzados... Mas... Que é que a senhora leva aí no cesto? Um pato?

— Não, senhor. Não é um... — procurou explicar dona Durvalina, com um sorriso sem graça.

— Quem! — insistia a pata.

— Não adianta mentir. É proibido viajar com animais. A senhora não leu na tabuleta?

Ouvindo a discussão, agora num tom de voz mais alto, os nove filhos de dona Durvalina pegaram as coisas que carregavam, levantaram-se do banco onde haviam se sentado e vieram para junto da mãe.

cruzado: antiga unidade monetária utilizada no Brasil entre os anos 1986 e 1989.

— Mas eu tenho nove filhos e...

— Abra o cesto, minha senhora, por favor. É a lei...

— Não é pato — defendeu-se a mulher, já visivelmente nervosa.

— Quem... quem...

— Como não? A senhora acha que sou bobo? Ou surdo? Estou ouvindo o pato grasnar! Só vou vender-lhe as passagens se a senhora abrir este cesto — disse o homem resoluto.

— Está bem, eu abro. Mas vamos fazer uma aposta: se eu tiver aqui dentro um pato, como o senhor está dizendo, dou-lhe de presente o bichinho e viajo com meus filhos dentro da lei. Mas... se não for pato, vou embarcar de graça, com as nove crianças, e ainda levo meu animalzinho de estimação...

— Vou aceitar a aposta, só porque a senhora reconheceu que leva uma ave aí nesse cesto. E também porque vai ser fácil ganhar. Ora, se vai... Hoje vou comer pato assado no jantar!

— Não conte vantagens antes da hora! O senhor pode estar enganado... Afirmo, pela última vez, que não tenho um pato dentro deste cesto!

A essa altura, a fila atrás de dona Durvalina já tinha aumentado. Porém, ninguém reclamava da demora. Afinal, todos queriam ver como acabaria aquela história.

Hagaquezart Estúdio/Arquivo da editora

— Não vamos discutir mais. O trem vai se atrasar. Vamos! Abra o cesto! — disse o homem, já impaciente.

— Está bem. O senhor é que sabe. A aposta está de pé?

— Sim, claro, claro.

Dona Durvalina abriu o cesto. A cabecinha de Dedé saltou imediatamente para fora.

— Quem! Quem!

— Olhe, mãe — disse o menorzinho dos filhos —, a Dedé botou um ovo!

— Eu não disse ao senhor? Eu não tinha um pato aqui dentro... É uma pata! Ganhei a aposta! Ganhei a aposta! — gritava a mulher exibindo o ovo para toda a fila.

— Paga! Paga! — falavam todos, em meio a gostosas gargalhadas.

Nada mais restava ao homem: deu os dez bilhetes de graça à dona Durvalina, enquanto ela, feliz e contente, fechava o cesto, empurrando a cabeça de Dedé para dentro.

— Quem! Quem!

A aposta, de Suely Mendes Brazão. In: **Contos de artimanhas e travessuras**, de vários autores. São Paulo: Ática, 1988. p. 65-70.

ATIVIDADES

1 Releia o primeiro parágrafo do conto e responda às questões propostas.

a) Por que dona Durvalina precisava deixar o sertão da Bahia?

b) Que problema fica exposto nesse parágrafo? Por que ir para Minas Gerais resolveria a situação? Converse sobre essa questão com o professor e os colegas.

2 De acordo com o texto, dona Durvalina vivia com os nove filhos, um cachorro, um papagaio e a pata Dedé.

a) Converse com o professor e os colegas para saber que outros tipos de arranjo familiar são possíveis.

b) Por que dona Durvalina optou por levar junto com eles a pata Dedé e não os outros animais?

3 Releia este trecho do texto e faça o que se pede.

> Antes de tomar o trem, era preciso caminhar um longo trecho, mais longo ainda porque cada um carregava sua pesada **trouxa**.

a) A palavra **trouxa**, no texto, foi usada com o mesmo sentido encontrado na frase:

- [ ] Acharam que tinha cara de trouxa, mas estavam enganados.
- [ ] Na padaria, Aninha comprou uma deliciosa trouxa de ovos.
- [ ] Arrumou a trouxa de roupas e foi embora.

Anabela Sousa/Nárwen's Cuisine

A trouxa de ovos é um doce de origem portuguesa.

b) Agora escreva uma frase com a palavra **trouxa** que tenha o mesmo significado usado no trecho do texto.

4 Assinale com um **X** a alternativa que indica o porquê de dona Durvalina ter escondido a pata Dedé no cesto, fechando-o com a tampa.

- [ ] Porque a viagem seria longa e ela queria que a pata descansasse.
- [ ] Porque ela fazia muito barulho.
- [ ] Porque era proibido viajar com animais.

5 A pata Dedé produzia um som que a fez ser descoberta. Que som era esse? Volte até o conto e sublinhe-o toda vez em que ele aparecer no texto.

- Depois, ligue os animais à representação do som que eles produzem.

Ilustrações: Estúdio Ornitorrinco/ Arquivo da editora

6 O conto que você leu se chama **A aposta**. Qual foi a aposta feita entre dona Durvalina e o vendedor de bilhetes?

____

____

a) Quem ganhou a aposta? Por quê?

____

____

b) Em que consistiu exatamente a artimanha (a esperteza) de dona Durvalina?

7 O que você achou da artimanha usada por dona Durvalina? Por quê?

> O **conto de artimanha** ou **de esperteza** apresenta situações em que os personagens principais se valem de alguma artimanha para atingir determinado objetivo.

MERGULHO NA ESCRITA GRAMÁTICA

Numeral

1 Releia um trecho do texto **A aposta** e faça o que se pede.

> Já há **cinco** anos sem ver chuva, dona Durvalina percebeu que deveria mudar de vida e do sertão da Bahia.
>
> Vendeu sua terrinha, deu seu cachorro e o papagaio à comadre, juntou os **nove** filhos e resolveu ir para os lados de Minas Gerais, onde morava **uma** irmã sua.

a) Que ideia as palavras destacadas transmitem?

____

b) Pense sobre isto: se em vez de cinco anos sem chuva, fosse apenas meio ano. E se dona Durvalina tivesse sete patas em vez de somente uma. Essas mudanças fariam diferença na história? Por quê?

____

____

____

Numeral é a palavra que indica a quantidade de seres ou a posição que ocupam em uma ordem. Os numerais podem ser:

- **cardinais**: quando indicam quantidade (um, quatro, seis, etc.);
- **ordinais**: quando indicam ordem (primeiro, segundo, terceiro, etc.);
- **multiplicativos**: quando indicam multiplicação de quantidade (dobro, triplo, quádruplo, etc.);
- **fracionários**: quando indicam divisão de quantidade (metade, um terço, etc.).

2 Agora, volte ao conto e circule pelo menos **seis** outros numerais no texto.

3 Seu nome está em que ordem na lista de chamada da escola? Anote utilizando o numeral ordinal.

____

4 Os numerais transmitem uma ideia numérica que pode estar relacionada a diferentes tipos de informação, como medidas de tempo, espaço, quantidade, ordem, etc.

- Relacione os numerais destacados nos trechos a seguir, retirados do texto **A aposta**, ao tipo de informação que apresentam.

Quatro quilômetros depois, viram a estação.

Faltava ainda **meia** hora para o trem partir, mas os poucos passageiros já começavam a embarcar.

— São **duzentos** cruzados... Mas... Que é que a senhora leva aí no cesto?

tempo

distância

valor (monetário)

5 Dos numerais apresentados nos trechos da atividade anterior, quais são cardinais? Algum deles representa outro tipo de numeral? Se sim, qual é esse numeral e que tipo representa?

____

____

6 Observe a imagem ao lado. Ela representa quantidade ou ordem? Assinale a resposta correta.

sarahdesign/Shutterstock/ Glow Images

☐ quantidade ☐ ordem

7 Classifique os numerais das frases de acordo com a legenda abaixo.

card cardinal **ord** ordinal **mult** multiplicativo **frac** fracionário

☐ A senhora comprou oito livros.

☐ Comi metade do abacate.

☐ A primeira reação do vendedor foi de espanto.

☐ Meu amigo ficou em terceiro lugar na competição.

☐ Os atletas correram o dobro da distância da prova anterior.

☐ Da escola até minha casa contei doze quadras.

MERGULHO NA ESCRITA ORTOGRAFIA

Verbos terminados em -am e -ão

1 Releia este trecho do conto **A aposta** e faça o que se pede.

Ouvindo a discussão, agora num tom de voz mais alto, os nove filhos de dona Durvalina **pegaram** as coisas que carregavam, **levantaram**-se do banco onde haviam se sentado e **vieram** para junto da mãe.

a) Em que tempo estão os verbos destacados?

____

____

b) Você percebeu que a maior parte dos verbos desse conto está no passado (pretérito)? Nos contos que você costuma ler, os verbos são usados predominantemente em qual tempo verbal? Por que você acha que isso acontece?

____

____

____

____

2 Leia a seguinte manchete de jornal:

13 adaptações de livros que chegarão aos cinemas em 2017

a) Em que tempo está o verbo destacado?

____

b) Essa manchete de jornal poderia ter sido publicada, do modo como está, no ano de 2018, por exemplo?

____

____

____

aaboikis/iStock/Getty Images

3 Leia em voz alta os verbos do quadro.

Pretérito	Futuro
cantaram	cantarão
apostaram	apostarão
ouviram	ouvirão
discutiram	discutirão

a) Qual é a diferença de sentido entre os verbos da primeira e da segunda coluna?

____

____

b) Qual é a diferença ortográfica (na maneira como se escrevem as palavras) que existe entre os verbos da primeira e da segunda coluna?

____

____

4 Ainda observando o quadro da atividade anterior, assinale as alternativas corretas. Depois preencha as lacunas.

a) Os verbos da primeira coluna têm a ____________________ sílaba mais forte. Eles são ____________________.

- [ ] antepenúltima
- [ ] última
- [ ] penúltima
- [ ] paroxítonos
- [ ] proparoxítonos
- [ ] oxítonos

b) Os verbos da segunda coluna têm a ____________________ sílaba mais forte. Eles são ____________________.

- [ ] antepenúltima
- [ ] última
- [ ] penúltima
- [ ] paroxítonos
- [ ] proparoxítonos
- [ ] oxítonos

Na 3ª pessoa do plural (eles, elas), os verbos no pretérito terminam em **-am** e são paroxítonos. Por exemplo: comer**am**, dançar**am**, viajar**am**.

Os verbos na 3ª pessoa do plural que indicam tempo futuro terminam em **-ão** e são oxítonos. Por exemplo: comer**ão**, dançar**ão**, viajar**ão**.

LEITURA 2

Você vai ler uma crônica. A crônica é um texto que retrata situações do cotidiano, que poderiam acontecer com qualquer pessoa, e que possibilita ao leitor refletir sobre elas.

Na crônica a seguir, o narrador conta a história de um casal que inventou uma mentira para não ir jantar com os amigos. Como você imagina essa história?

E você, já contou alguma mentira a alguém para faltar a um compromisso?

A mentira

João chegou em casa cansado e disse para a sua mulher, Maria, que queria tomar um banho, jantar e ir direto para a cama. Maria lembrou a João que naquela noite eles tinham ficado de jantar na casa de Pedro e Luíza. João deu um tapa na testa, disse palavrão e declarou que, de maneira nenhuma, não iria jantar na casa de ninguém. Maria disse que o jantar estava marcado há uma semana e seria uma falta de consideração com Pedro e Luíza, que afinal eram seus amigos, deixar de ir. João reafirmou que não ia. Encarregou Maria de telefonar para Luíza e dar uma desculpa qualquer. Que marcassem o jantar para a noite seguinte. Maria telefonou para Luíza e disse que João chegou em casa muito abatido, até com um pouco de febre, e que ela achava melhor não tirá-lo de casa aquela noite. Luíza disse que era uma pena, que tinha preparado um *Blanquette de Veau* que era uma beleza, mas que tudo bem. Importante é a saúde e é bom não facilitar. Marcaram o jantar para a noite seguinte, se João estivesse melhor. João tomou banho, jantou e foi se deitar. Maria ficou na sala vendo televisão. Ali pelas nove bateram na porta. Do quarto, João, que ainda não dormira, deu um gemido. Maria, que já estava de camisola, entrou no quarto para pegar seu robe de chambre. João sugeriu que ela não abrisse a porta. Naquela hora só podia ser um chato. Ele teria que sair da cama. Que deixasse bater. Maria concordou. Não abriu a porta.

Blanquette de Veau: prato composto de carne de vitela, cenouras e manteiga.

robe de chambre: roupão leve de uso em ambiente doméstico.

Andrea Ebert/Arquivo da editora

Meia hora depois, tocou o telefone, acordando João. Maria atendeu. Era Luíza querendo saber o que tinha acontecido.

— Por quê? — perguntou Maria.

— Nós estivemos aí há pouco, batemos, batemos e ninguém atendeu.

— Vocês estiveram aqui?

— Para saber como estava o João. O Pedro disse que andou sentindo a mesma coisa há alguns dias e queria dar umas dicas. O que houve?

— Nem te conto — contou Maria, pensando rapidamente. — O João deu uma piorada. Tentei chamar um médico e não consegui. Tivemos que ir a um hospital.

— O quê? Então é grave.

— A febre aumentou. Ele começou a sentir dores no corpo.

— Apareceram pintas vermelhas no rosto — sugeriu João, que agora estava ao lado do telefone, apreensivo.

— Estava com o rosto coberto de pintas vermelhas.

— Meu Deus. Ele já teve sarampo, catapora, essas coisas?

— Já. O médico disse que nunca tinha visto coisa igual.

— Como é que ele está agora?

— Melhor. O médico deu uns remédios. Ele está na cama.

— Vamos já para aí.

— Espere!

Mas Luíza já tinha desligado. João e Maria se entreolharam. E agora? Não podiam receber Pedro e Luíza. Como explicar a ausência das pintas vermelhas?

— Podemos dizer que o remédio que o médico deu foi milagroso. Que eu estou bom. Que podemos até sair juntos para jantar — disse João, já com remorso.

— Eles iam desconfiar. Acho que já estão desconfiados. É por isso que vêm para cá. A Luíza não acreditou em nenhuma palavra que eu disse.

Decidiram apagar todas as luzes do apartamento e botar um bilhete na porta. João ditou o bilhete para Maria escrever.

— Bota aí, "João piorou subitamente. O médico achou melhor interná-lo. Telefonaremos do hospital".

— Eles são capazes de ir ao hospital à nossa procura.

— Não vão saber que hospital é.

— Telefonarão para todos. Eu sei. A Luíza nunca nos perdoará a *Blanquette de Veau* perdida.

— Então bota aí: "João piorou subitamente. Médico achou melhor interná-lo na sua clínica particular. O telefone lá é 236-6688".

— Mas esse é o telefone do seu escritório.

— Exato. Iremos para lá e esperaremos o telefonema deles.

— Mas até que a gente chegue ao seu escritório...

— Vamos embora!

Deixaram o bilhete preso na porta. Apertaram o botão do elevador. O elevador já estava subindo. Eram eles!

— Pela escada, depressa!

O carro de Pedro estava barrando a saída da garagem do edifício. Não podiam usar o carro. Demoraram para conseguir um táxi. Quando chegaram ao escritório de João, que perdeu mais tempo explicando ao porteiro a sua presença ali no meio da noite, o telefone já estava tocando. Maria apertou o nariz para disfarçar a voz e atendeu.

Andrea Ebert/Arquivo da editora

— Clínica Rochedo.

"Rochedo"?!, espantou-se João, que se atirara, ofegante, numa poltrona.

— Um momentinho, por favor — disse Maria.

Tapou o fone e disse para João que era Luíza. Que mulherzinha! O que a gente faz para preservar uma amizade. E não passar por mentiroso. Maria voltou ao telefone.

— O senhor João está no quarto 17, mas não pode receber visitas. Sua senhora? Um momentinho, por favor.

Maria tapou o fone outra vez.

— Ela quer falar comigo.

Atendeu com a sua voz normal.

— Alô, Luíza? Pois é. Estamos aqui. Ninguém sabe o que é. Está com pintas vermelhas por todo o corpo e as unhas estão ficando azuis. O quê? Não, Luíza, vocês não precisam vir para cá.

— Diz que é contagioso — sussurrou João, que com a cabeça atirada para trás preparava-se para retomar seu sono na poltrona.

— É contagioso. Nem eu posso chegar perto dele. Aliás, eles vão evacuar toda a clínica e colocar barreiras em todas as ruas aqui perto. Estão desconfiados de que é um vírus africano que...

Festa de criança, de Luis Fernando Verissimo. São Paulo: Ática, 2012. p. 77.

Reprodução/Ed. Ática

Andrea Ebert/Arquivo da editora

ATIVIDADES

1 Quais são os personagens dessa história?

2 A crônica retrata uma atitude comum das pessoas no cotidiano. Que atitude foi essa e quais personagens a tomaram?

3 Qual foi a primeira mentira contada no texto?

4 Essa mentira teve que consequência? E como os personagens lidaram com essa situação?

5 Escreva **V** para as afirmações verdadeiras e **F** para as falsas.

- ☐ Maria não imaginou que a mentira pudesse se tornar tão complicada.
- ☐ João não gostava de Pedro e Luíza, por isso não quis ir à casa deles.
- ☐ João estava cansado, por isso pediu à esposa que inventasse uma desculpa para não ir ao jantar.
- ☐ Após a mentira, João ficou realmente doente.

6 Por narrarem situações cotidianas, as crônicas podem apresentar predominância de uma linguagem menos formal, com diversas marcas orais, ou seja, da fala do dia a dia.

- Quais das frases a seguir, retiradas do texto **A mentira**, são mais adequadas em contextos informais?

  - [ ] João piorou subitamente.
  - [ ] O João deu uma piorada.
  - [ ] Que mulherzinha!
  - [ ] O senhor João está no quarto 17, mas não pode receber visitas.
  - [ ] Ele já teve sarampo, catapora, essas coisas?

7 Em sua opinião, foi uma boa ideia João e Maria terem inventado a mentira?

8 Se você não quisesse ir a algum lugar, mas já tivesse combinado com seus amigos, o que faria?

> A **crônica** é um texto curto e apresenta poucos personagens. Ela relata situações do cotidiano, reais ou fictícias, de forma bem-humorada e pode proporcionar questões para reflexão. As crônicas costumam ser publicadas, principalmente, em jornais e revistas (impressos ou digitais), veículos que tratam também de questões relacionadas ao dia a dia das pessoas por meio de notícias e reportagens, por exemplo.

Estúdio Ornitorrinco/Arquivo da editora

MERGULHO NA ESCRITA GRAMÁTICA

Concordância verbal e nominal

1 Releia dois trechos da crônica **A mentira** observando os verbos destacados e responda ao que se pede.

João e Maria se **entreolharam**. E agora? [...] **Deixaram** o bilhete preso na porta. **Apertaram** o botão do elevador.

Tapou o fone e **disse** para João que era Luíza. Que mulherzinha! [...] Maria **voltou** ao telefone.

a) Preencha o quadro a seguir assinalando quem pratica a ação de cada um dos verbos.

Verbos	João e Maria praticam a ação	Maria pratica a ação
deixaram		
disse		
apertaram		
tapou		
voltou		
entreolharam		

b) Por que os verbos do primeiro trecho estão no plural e os do segundo trecho estão no singular?

____

____

____

2 Releia mais três trechos da crônica para responder às questões.

Trecho 1. "João chegou em casa **cansado** [...]"

Trecho 2. "Podemos dizer que o remédio que o médico deu foi **milagroso**."

Trecho 3. "Está com pintas **vermelhas** por todo o corpo e as unhas estão ficando **azuis**."

a) A quais substantivos cada um dos adjetivos destacados está relacionado?

____

b) Reescreva o trecho 1 trocando **João** por **Maria**. Quais mudanças devem ser feitas na frase? Por quê?

c) Reescreva o trecho 2 colocando o substantivo **remédio** no plural. Que mudanças devem ser feitas na frase? Por quê?

d) Reescreva o trecho 3 substituindo **pintas** por **pontos** e **unhas** por **boca**. Quais mudanças devem ser feitas na frase? Por quê?

Concordância é a relação entre as palavras de maneira que elas concordem em pessoa, gênero e número. Quando a concordância é nominal, o adjetivo concorda com o substantivo. Quando a concordância é verbal, o verbo concorda com a palavra que expressa **quem** pratica a ação do verbo.

Nem sempre a concordância acontece em situações informais de fala e escrita. Entretanto, em contextos de comunicação formal, a concordância é esperada e deve ser utilizada.

Estúdio Ornitorrinco/Arquivo da editora

ENTENDER AS PALAVRAS: DICIONÁRIO

As palavras onde e aonde

1. Relembre o seguinte trecho do conto **A aposta**, que você leu no começo deste capítulo.

> Vendeu sua terrinha, deu seu cachorro e o papagaio à comadre, juntou os nove filhos e resolveu ir para os lados de Minas Gerais, **onde** morava uma irmã sua.

Agora, leia a seguinte manchete de jornal:

> Novo aplicativo de celular sabe **aonde** você quer ir.

- Observe as palavras em destaque. Elas têm o mesmo sentido? Por que você acha que elas são escritas de formas diferentes?

2. Procure as palavras **onde** e **aonde** no dicionário. Converse com os colegas e o professor sobre o significado de cada uma delas.

> As palavras **onde** e **aonde** são usadas para indicar um local. No uso cotidiano da língua, é comum não se diferenciar o significado delas. Porém, essas diferenças de sentido existem.
>
> Usa-se a palavra **onde** com o objetivo de indicar o local em que se está ou em que se passa algum fato. É utilizada em frases que **não** expressam a ideia de **movimento**. Por exemplo: *De onde você está telefonando?*
>
> Usa-se a palavra **aonde** com o objetivo de indicar o local **para** o qual se vai, **ao** qual se dirige. É sempre utilizada para expressar a ideia de **movimento**. Por exemplo: *Aonde nos levará esse trem?*

3. Releia mais uma vez os trechos apresentados na atividade 1 e responda:

a) No primeiro trecho, a palavra **onde** está relacionada a qual verbo? Esse verbo expressa ideia de movimento?

____

b) Na manchete de jornal, a palavra **aonde** está relacionada a qual verbo? Esse verbo expressa ideia de movimento?

____

Hagaquezart Estúdio/Arquivo da editora

4. Escreva uma frase usando a palavra **onde** e outra frase usando **aonde**.

____

____

5. Observe as cenas. Depois, associe-as às frases.

Ilustrações: Hagaquezart Estúdio/Arquivo da editora

Aonde ele vai?

Onde ele está?

- Qual é a diferença entre as cenas?

____

6. Complete as frases com **onde** ou **aonde**.

a) ______________ você quer ir?

b) Fui visitar a cidade ______________ morei durante dez anos.

c) Nunca sei ______________ encontrar você.

d) ______________ chegaremos com tamanha mentira?

e) O acidente ocorreu no local ______________ estivemos no ano passado.

f) ______________ você vai tão apressadamente?

MEUS TEXTOS

Conto de artimanha

O primeiro texto que você leu neste capítulo foi um conto de artimanha. Nele, o personagem sai de uma situação complicada utilizando-se da esperteza.

Agora, você vai escrever um conto de artimanha para seus colegas de sala. Seu professor escolherá um dia para que todos possam ler suas histórias.

Planejamento

1 Antes de produzir o seu conto, planeje o que você pretende fazer.

- Você pode escrever seu texto com base em uma situação que aconteceu realmente ou pode contar uma história completamente imaginada, na qual você inventará os personagens e a situação.
- Pense numa situação complicada em que seus personagens possam estar e em como eles a resolveram (ou a resolveriam) por meio de alguma artimanha.
- Geralmente, os contos de artimanha são engraçados; portanto, escreva um texto que tenha humor, que faça seus colegas acharem graça.
- Não se esqueça de que seu texto precisa ter começo (apresentação dos personagens, do local e do tempo em que se passa a história), meio (apresentação da situação e o problema que essa situação oferece) e fim (resolução do problema).

Rascunho

2 Comece a escrever as ideias de seu conto. Se for um conto baseado em uma história real, escreva os fatos de que se lembra, as pessoas envolvidas, quando e onde ocorreu, qual foi a artimanha, etc. Se for um conto fictício (imaginado), comece a criar sua história. Depois, organize o começo, o meio e o fim do seu conto de artimanha.

Gustavo Grazziano/Arquivo da editora

Revisão

3 Utilize o quadro para revisar seu texto.

	Sim	Preciso fazer/ refazer
Fiz uma introdução para o conto, com apresentação dos personagens, local e tempo em que se passa a história?		
Coloquei os personagens em uma situação complicada?		
Eles foram capazes de resolver a situação com esperteza?		
A artimanha utilizada ficou realmente clara no conto?		
Criei um final em que os personagens se saíram bem da situação?		

Meu texto

4 Termine a revisão do seu texto. Em seguida, passe-o a limpo em uma folha à parte. Não se esqueça de que a versão final deve estar com letra legível e sem rasuras.

Depois, combine com o professor um dia para que todos leiam os contos que produziram.

Gustavo Grazziano/Arquivo da editora

ATIVIDADES DO CAPÍTULO

1. Complete as frases com numerais cardinais por extenso de acordo com o conto **A aposta**. Se necessário, volte ao texto para procurar as informações.

a) Dona Durvalina tinha ______________________ filhos.

b) Ela precisava comprar ______________________ passagens para Minas Gerais.

c) Para chegarem à estação de trem, eles caminharam ______________________ quilômetros.

2. Observe os numerais indicados nos quadrinhos. Complete as frases com esses numerais por extenso. Atenção: nesta atividade, os numerais podem ser ordinais, fracionários ou multiplicativos.

a) Manuel chegou em ______________________ lugar na maratona de domingo. 9º

b) Comemos ______________________ do bolo. 3/4

c) Marisa tem o ______________________ de livros que você tem. 3

d) Meu ______________________ filho se chama Antônio. 1º

e) Eu tenho o ______________________ da sua idade. 2

f) Fizemos apenas ______________________ do trabalho de casa. 2/3

3. Complete as frases com um dos verbos indicados.

a) Caio e Letícia ______________________ juntos no ano passado.

estudaram – estudarão

b) Depois de amanhã, elas ______________________ com o coordenador.

falaram – falarão

c) Meus primos já ______________________ os ingressos para a peça.

compraram – comprarão

d) Se eles comerem doces agora, não ______________________.

jantaram – jantarão

e) No ano passado as meninas ________________ no coral da igreja.

cantaram – cantarão

f) Apenas quando chegarem ao ponto final eles ________________ do ônibus.

saíram – sairão

- Das palavras que você usou para completar as frases, quais são oxítonas? E paroxítonas?

4. Escreva **V** para as afirmações verdadeiras e **F** para as falsas.

- [ ] A história da crônica **A mentira** poderia acontecer na realidade.
- [ ] Os personagens João e Maria, da crônica **A mentira**, criaram uma artimanha e conseguiram se sair bem da situação.
- [ ] O texto **A aposta** é um conto de artimanha porque a personagem principal, dona Durvalina, usa de esperteza para se sair bem da situação.
- [ ] Nem sempre os contos de artimanha apresentam uma artimanha.

5. Leia as frases e depois as reescreva substituindo os termos destacados por **onde** ou **aonde**.

a) **A que lugar** você quer chegar?

b) **Para que lugar** vão aquelas pessoas?

c) **Em que lugar** seu colega mora?

Gustavo Grazziano/Arquivo da editora

CAPÍTULO 11

ENSINAMENTOS PARA A VIDA TODA

LEITURA 1

Você vai ler uma história em que a Felicidade e a Dificuldade são personagens. Pense um pouco e responda: como você imagina uma história com essas personagens? Em sua opinião, elas seriam amigas ou inimigas?

A Dificuldade e a Felicidade

A Felicidade se encontrou com a Dificuldade e falou:

"Você atrapalha a minha existência."

A Dificuldade, muito difícil que era, em vez de responder, criou um caso: colocou dez pedras enormes no caminho da Felicidade. A Felicidade, que já estava com as asas meio tortas de tanto levar pedrada, pulou uma, duas, três, quatro, cinco... e quando chegou na sexta, ufa! Descansou e reclamou um pouco:

"Você não me deixa passar, saia do meu caminho!"

Então a Dificuldade, chatinha e difícil que era, continuou calada e colocou mais doze pedras no caminho da Felicidade. Ela puxou outra vez a alavanca da determinação e começou a pular: uma, duas, três, quatro, cinco, seis, sete... ufa! Na hora da oitava, se deitou e pensou:

Estou cansada. Por que ela não sai do caminho?!

Estúdio 1 mais 2/Arquivo da editora

Aí... a Dificuldade colocou mais catorze pedras enormes na estrada. A Felicidade levantou-se, determinada e séria, começou a pular: uma, duas, três, quatro, cinco, seis... exausta, chegou a pular treze pedras, e quando já estava quase na última, ops! Deu de cara de novo com a Dificuldade:

"O que é isto, não acredito! Outra vez você no meu caminho?"

A Felicidade não vacilou. Respirou fundo, sorriu e alavancou a força necessária para pular a última pedra. A Dificuldade ficou parada, olhando, e disse apenas:

"Eu existo para que você me vença, não para impedir a sua passagem."

A Felicidade então prosseguiu mais feliz: sabia agora como pular as pedras que iria encontrar pela estrada. Uma estrada muito, muito longa.

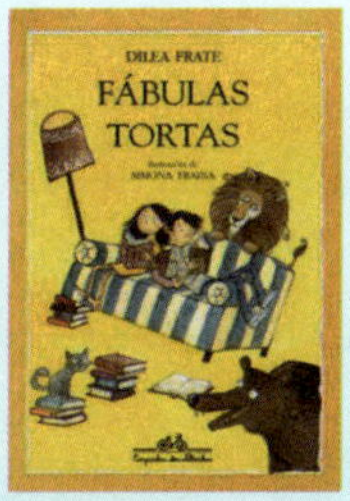

Fábulas tortas, de Dilea Frate. São Paulo: Companhia das Letrinhas, 2007. p. 14 e 15.

ATIVIDADES

1 As hipóteses que você levantou antes de ler o texto se confirmaram? Essa história surpreendeu você? De que maneira?

2 Do que trata a história? Explique com suas palavras.

Estúdio Mil/Arquivo da editora

3 Releia o início da história. Depois, converse com o professor e os colegas sobre as questões a seguir.

> A Felicidade se encontrou com a Dificuldade e falou:
>
> "Você atrapalha a minha existência."
>
> A Dificuldade, muito difícil que era, em vez de responder, criou um caso: colocou dez pedras enormes no caminho da Felicidade. [...]

a) Em sua opinião, os personagens dessa história são pessoas? Explique.

b) No texto se diz que a Dificuldade "colocou dez pedras enormes no caminho da Felicidade". Em sua opinião, o que isso significa? As pedras são reais?

4 Leia as afirmativas a seguir e escreva **V** para as verdadeiras e **F** para as falsas.

- ☐ A Dificuldade coloca pedras no caminho da Felicidade para irritá-la.
- ☐ A Felicidade não consegue pular todas as pedras que a Dificuldade coloca em seu caminho.
- ☐ A Dificuldade não espera impedir a Felicidade de passar; ela espera que a Felicidade a vença.
- ☐ A Felicidade, apesar de cansada, nunca deixa de pular as pedras.

5 Releia este trecho do texto:

Eu existo para que você me vença, não para impedir a sua passagem.

a) Quem diz essa fala?

____

b) Podemos dizer que essa fala apresenta um ensinamento? Qual seria ele? Converse a respeito com seus colegas e o professor e registre a conclusão a que vocês chegaram.

____

____

____

____

6 Procure no dicionário o significado da palavra **apólogo** e assinale com um **X** apenas a alternativa correta.

- [ ] História que conta um fato real, acontecido na atualidade.
- [ ] História que transmite uma lição de sabedoria por meio de seres inanimados.
- [ ] História que conta a vida de uma pessoa.

7 Você acha que o texto **A Dificuldade e a Felicidade** é um apólogo? Por quê?

____

____

____

____

8 Que mensagem a história transmitiu a você? Converse com os colegas sobre isso.

Apólogo é uma narrativa que ilustra lições de sabedoria e ética em que seres inanimados têm comportamento humano.

MERGULHO NA ESCRITA GRAMÁTICA

Interjeição

1 Releia em voz alta, com seus colegas e o professor, um trecho do apólogo **A Dificuldade e a Felicidade**.

> A Felicidade levantou-se, determinada e séria, começou a pular: uma, duas, três, quatro, cinco, seis... exausta, chegou a pular treze pedras, e quando já estava quase na última, **ops**! Deu de cara de novo com a Dificuldade [...]

- O que significa a palavra destacada no trecho? Converse com os colegas e o professor.

2 A tirinha abaixo é sobre o personagem Menino Maluquinho. Em uma história anterior, ele havia quebrado a perna e, por isso, estava usando gesso. Leia com atenção.

As melhores tiras do Menino Maluquinho, de Ziraldo. Melhoramentos: 2005. p. 25.

a) No primeiro quadrinho, vemos dois personagens: o médico e a mãe de Maluquinho. Os dois balões de fala presentes nesse quadrinho pertencem a esses personagens? Explique.

____

____

b) Assinale com um **X** apenas as alternativas corretas.

☐ As palavras destacadas na tirinha não têm significado.

☐ As palavras **oba** e **iupi** têm o mesmo sentido: são falas que demonstram a alegria de Maluquinho.

☐ No último quadrinho, a palavra **crac** não é uma fala, mas a representação do barulho de algo que se quebrou.

A palavra que usamos em frases para exprimir uma emoção, uma sensação, um apelo ou que indica um ruído é chamada de **interjeição**. As interjeições que descrevem ruídos também são chamadas de **onomatopeias**.

As interjeições podem indicar vários sentimentos, dependendo do contexto em que são usadas, como:

- dor: Ai! Ui!
- advertência: Cuidado! Atenção!
- alegria: Oba! Eba!
- alívio: Ufa! Arre!
- medo: Credo! Ui! Socorro!
- silêncio: Psiu!

3 Reescreva os trechos eliminando as palavras em destaque e substituindo-as por interjeições. Para isso, utilize interjeições que representem a ideia indicada. Siga o exemplo.

— Já são dez horas! — disse a mãe, **admirada**.

— Puxa, já são dez horas! — disse a mãe.

a) — Preciso explicar o problema! — falou o professor, **pedindo silêncio**.

____

b) — Consegui ser aprovado! — gritou o menino **com muito entusiasmo**.

____

c) — Agora teremos nossa casa! — falou o pai **com alívio**.

____

4 Assinale com um **X** apenas a oração que expressa pena.

- [ ] Chega! Não aguento mais!
- [ ] Nossa, quem me dera ganhar um bom dinheiro!
- [ ] Coitado! Ficou todo sujo.
- [ ] Bravo! Cantem mais uma vez!

Estúdio Mil/
Arquivo da editora

MERGULHO NA ESCRITA ORTOGRAFIA

Em cima, embaixo, em frente, de repente, por isso

1 Lembre-se da história **A Dificuldade e a Felicidade**. Quando a personagem Felicidade pula as pedras que aparecem em seu caminho, essas pedras ficam:

- ☐ em cima da personagem.
- ☐ em frente à personagem.
- ☐ embaixo da personagem.

2 Leia esta frase sobre o texto.

A Felicidade chegou a ficar cansada, mas a Dificuldade era chatinha e difícil, por isso continuava colocando pedras no seu caminho.

- A expressão **por isso**, nessa frase, se refere a qual fato presente no trecho?
  - ☐ Ao fato de a Felicidade estar cansada.
  - ☐ Ao fato de a Dificuldade ser chatinha e difícil.

3 Observe as manchetes de jornal reproduzidas a seguir.

1 **Caminhão sofre pane, para de repente e causa acidente na BR-262**

2 **Produtores rurais fazem protesto em frente à prefeitura de Boa Vista**

3 **Balão quase cai em cima de carro na Barra da Tijuca, no Rio**

4 **Coruja é resgatada ferida embaixo de carro em residencial de João Pessoa**

a) Em quais das manchetes as expressões destacadas indicam **posição**?

____

b) Em quais das manchetes as expressões destacadas indicam o **modo** como o fato aconteceu?

____

c) O que você observa em relação à escrita das expressões destacadas? Alguma diferença entre elas chama a sua atenção?

____

____

> As expressões **em cima**, **embaixo** e **em frente** indicam posição.
>
> A expressão **de repente** é usada para indicar algo que foi feito ou que aconteceu de maneira inesperada. Exemplo:
>
> *Luís apareceu na minha frente de repente.*
>
> A expressão **por isso** equivale a **por esse motivo**; é uma expressão que retoma algo que já foi dito, ou algo que já ocorreu, para justificar ou explicar uma situação ou ocorrência posterior. Exemplo:
>
> *Cheguei tarde ontem, por isso perdi a hora.* (= por esse motivo)

4 Complete o diálogo a seguir com as palavras dos quadros.

embaixo	em cima	de repente	em frente

— Olha a Lua lá ____________________, compadre! É dia de lua cheia, noite romântica para os namorados.

— Que nada, companheiro! Olha o reflexo da Lua na água, aqui ____________________, hoje é noite de lobisomem assustado.

Durante o bate-papo dos compadres, ____________________ começou a trovejar e um deles diz:

— Amigo, vamos ____________________ que vai cair um pé-d'água.

5 Observe as figuras e indique se Rômulo está **em cima**, **embaixo** ou **em frente** ao objeto.

a)

____

b)

____

c)

____

Ilustrações: Estúdio Mil/ Arquivo da editora

LEITURA 2

Agora você vai ler uma fábula. Você conhece alguma? Qual?

Na fábula a seguir você conhecerá o plano que alguns ratos fizeram para se defender de um gato. Como você acha que seria esse plano?

A assembleia dos ratos

Um gato de nome Faro-Fino deu de fazer tal destroço na rataria de uma velha casa que os sobreviventes, sem ânimo de sair das tocas, estavam a ponto de morrer de fome.

Tornando-se muito sério o caso, resolveram reunir-se em assembleia para o estudo da questão. Aguardaram para isso certa noite em que Faro-Fino andava aos mios pelo telhado, fazendo sonetos à Lua.

— Acho — disse um deles — que o meio de nos defendermos de Faro-Fino é lhe atarmos um guizo ao pescoço. Assim que ele se aproxime, o guizo o denuncia e pomo-nos ao fresco a tempo.

Palmas e bravos saudaram a luminosa ideia. O projeto foi aprovado com delírio. Só votou contra um rato casmurro, que pediu a palavra e disse:

— Está tudo muito direito. Mas quem vai amarrar o guizo no pescoço de Faro-Fino?

assembleia: reunião de pessoas que têm algum interesse em comum para discutir a resolução de determinado problema.

atar: amarrar; prender.

guizo: uma espécie de chocalho.

sonetos: composições poéticas.

Hagaquezart Estúdio/Arquivo da editora

Silêncio geral. Um desculpou-se por não saber dar nó. Outro, porque não era tolo. Todos, porque não tinham coragem. E a assembleia dissolveu-se no meio de geral consternação.

Dizer é fácil; fazer é que são elas!

consternação: abatimento, tristeza, desolação.

Reprodução/Ed. Globo

Fábulas, de Monteiro Lobato. São Paulo: Globo, 2011. p. 33.

O que você achou da história? Você conhecia a expressão “fazer é que são elas”? Sabe o que significa? Converse com o professor e os colegas.

Monteiro Lobato

Nasceu em Taubaté, SP, no ano de 1882. Seu livro **Fábulas** foi publicado pela primeira vez em 1922. Lobato escreveu muitas histórias para o público infantil e se tornou um escritor bastante conhecido pelos personagens que criou para o **Sítio do Picapau Amarelo**, sendo lembrado por diversas gerações.

Acervo Iconographia/Reminiscências

ATIVIDADES

1 Digamos que você queira recontar essa fábula para um colega que nunca a ouviu. Pensando nisso, produza um resumo do texto. Você pode utilizar as questões a seguir como um tipo de roteiro, para não deixar passar nenhum item importante da história.

- Quem são os personagens e onde eles vivem? Qual é o problema enfrentado por eles?
- Qual é a primeira atitude que os ratos tomam para evitar o problema?
- Um dos ratos propõe uma solução. Que solução é essa?
- O problema dos ratos foi resolvido? Por quê?
- Qual é a moral da história?

____

____

____

____

____

____

____

2 Você acabou de ler uma fábula. Assinale com um **X** as alternativas que apresentam características desse gênero presentes no texto **A assembleia dos ratos**.

- [ ] O problema dos personagens é resolvido com uma artimanha.
- [ ] Os personagens são animais que falam e se comportam como humanos.
- [ ] A história conta a origem de algum fenômeno da natureza, como a chuva ou as estações do ano.
- [ ] A história termina com um ensinamento.

A **fábula** é uma narrativa, geralmente curta, que tem como personagens animais que agem como seres humanos. Ela transmite um ensinamento para reflexão, conhecido como **moral da história**.

3 Em relação à linguagem usada nessa fábula:

a) Você diria que é uma linguagem mais elaborada, mais formal ou uma linguagem mais próxima da fala do dia a dia, mais informal? Dê exemplos com trechos do texto.

____

____

____

b) Em sua opinião, porque o texto foi escrito dessa maneira, com essa linguagem?

4 Releia a moral da história abaixo e faça o que se pede.

Dizer é fácil; fazer é que são elas.

a) O que essa frase significa?

____

b) Essa moral tem relação com os acontecimentos da fábula? Por quê?

____

____

____

____

Estúdio Ornitorrinco/Arquivo da editora

5 Você imagina por que o nome do gato é Faro-Fino? Troque ideias com seus colegas e o professor.

6 Se você fizesse parte da assembleia dos ratos, qual seria sua sugestão para escapar do Faro-Fino? Conte sua ideia para um colega e escute a ideia dele. Depois, escreva o que você pensou.

____

____

____

MERGULHO NA ESCRITA ORTOGRAFIA

Acento tônico e acento gráfico

1 Releia a fábula **A assembleia dos ratos** e copie as palavras que têm acento agudo ´ ou circunflexo ^.

____

____

2 Agora, volte ao texto **A Dificuldade e a Felicidade**, que você leu no início deste capítulo, e copie:

a) Uma palavra com acento agudo ou circunflexo na antepenúltima sílaba.

____

b) Uma palavra com acento agudo ou circunflexo na penúltima sílaba.

____

____

c) Uma palavra com acento agudo ou circunflexo na última sílaba.

____

____

3 Observe as palavras que você copiou nas atividades anteriores e assinale a alternativa correta.

- [ ] Em todas essas palavras, os acentos (agudo e circunflexo) marcam a sílaba que soa mais forte.
- [ ] Em algumas dessas palavras, o acento marca a sílaba que soa mais forte, mas não em todas.
- [ ] O acento agudo marca a sílaba mais forte das palavras, mas o circunflexo não.
- [ ] O acento circunflexo marca a sílaba mais forte das palavras, mas o agudo não.

As palavras, ao serem pronunciadas, podem ter sílabas que soam de maneira mais forte ou mais fraca. As sílabas com som mais forte são chamadas **sílabas tônicas**, já as sílabas com som mais fraco são chamadas **sílabas átonas**.

As sílabas tônicas podem ter vogais acentuadas graficamente (si**lên**cio) ou não (pes**co**ço).

Os acentos gráficos que marcam a tonicidade de algumas sílabas são: **acento agudo** ´ e **acento circunflexo** ^. Em alguns casos, as palavras podem ser acentuadas graficamente para evitar dúvidas no momento de pronunciá-las ou para diferenciar palavras com a mesma grafia, mas com significados diferentes.

O acento tônico indica se uma palavra é oxítona (tonicidade na última sílaba), paroxítona (tonicidade na penúltima sílaba) ou proparoxítona (tonicidade na antepenúltima sílaba).

4 Agora, preencha a tabela com as palavras da fábula destacadas no início da atividade.

Palavras oxítonas	Palavras paroxítonas	Palavras proparoxítonas
______	______	______
______	______	______
______	______	______

5 Encontre no quadro **seis** palavras que devem ter acento gráfico. Copie-as no caderno e acentue-as.

M	A	T	E	M	A	T	I	C	A	F	M	G	B	A	R	P
Z	U	A	N	E	C	E	S	S	A	R	I	O	Y	L	L	U
Y	N	M	B	D	V	A	N	L	P	M	P	A	D	I	C	O
G	O	P	U	I	U	I	D	U	Q	X	U	M	B	V	X	E
X	S	Z	R	C	R	E	M	E	R	G	E	N	C	I	A	G
L	D	R	I	O	S	S	O	L	I	D	A	R	I	O	W	I

ENTENDER AS PALAVRAS: DICIONÁRIO

Classificação das palavras

1. Releia este trecho da fábula **A assembleia dos ratos** e faça o que se pede.

   Só **votou** contra **um rato casmurro**, que **pediu** a **palavra** e **disse**:

   — Está tudo muito **direito**. [...]

   a) Procure no dicionário e escreva o significado das palavras destacadas.

   ____

   ____

   ____

   ____

   ____

   ____

   ____

   ____

   ____

   ____

   b) Você conseguiu encontrar todas as palavras? Se não, por quê? Converse com os colegas e o professor.

2. No dicionário, antes da definição da palavra, há algumas informações como: substantivo, adjetivo, verbo, artigo. Você sabe o que elas significam? Converse com os colegas e, se precisar, consulte o dicionário novamente para responder.

Hagaquezart Estúdio/Arquivo da editora

> Uma das primeiras informações que o dicionário apresenta é a **classificação da palavra** consultada (do verbete), que pode ser: substantivo (feminino ou masculino), adjetivo, verbo, artigo, numeral, pronome, advérbio, preposição, conjunção ou interjeição.

3. Associe as palavras à classificação correspondente.

livro	substantivo
Camila	
divertida	adjetivo
falar	
fome	verbo
umas	
ligar	artigo
comer	
peludo	

4. Agora preencha a cruzadinha usando quatro palavras entre aquelas que você procurou no dicionário na atividade 1.

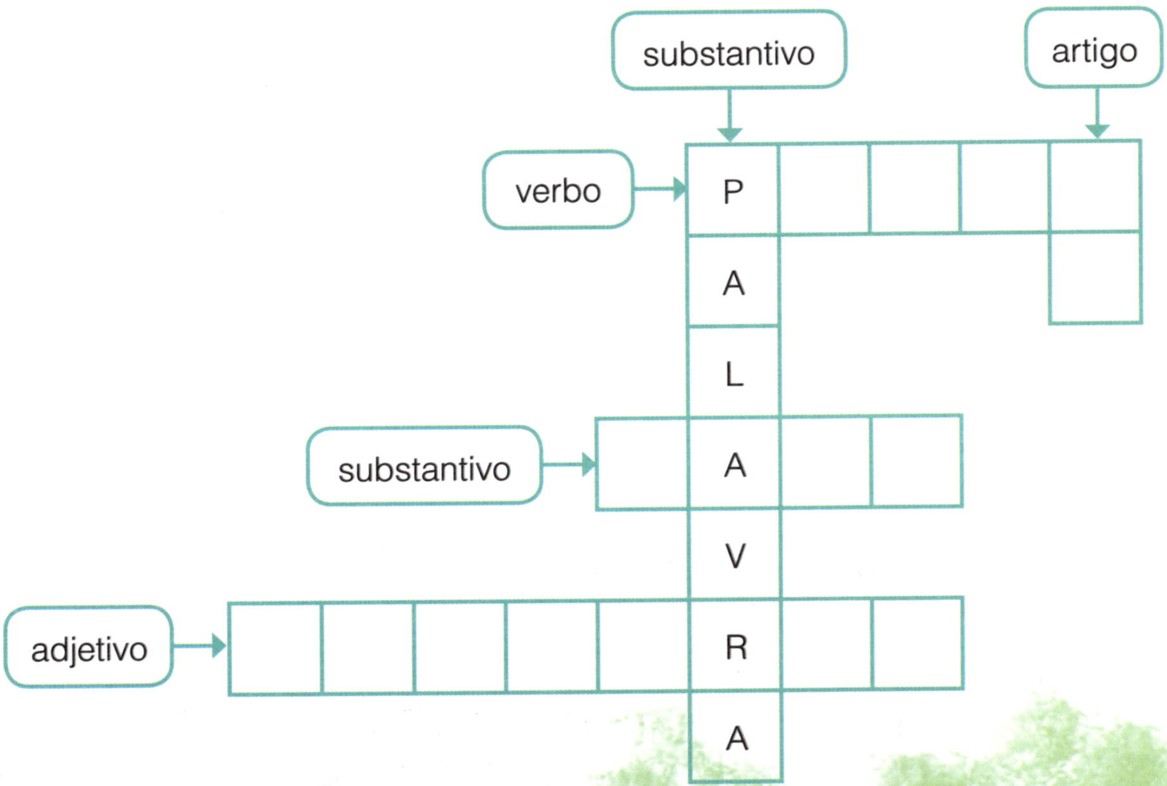

Hagaquezart Estúdio/Arquivo da editora

MEUS TEXTOS

Fábula

Neste capítulo, um dos textos que você leu foi uma fábula. Você aprendeu que ela tem animais como personagens e transmite um ensinamento ou moral ao leitor. Agora é a sua vez de escrever uma fábula para compor o livro **Fábulas da nossa turma**, que poderá ficar disponível na biblioteca da escola para que todos da escola possam ler as fábulas produzidas.

Planejamento

1 Para escrever a sua fábula, preste atenção às seguintes etapas.

- Reflita sobre acontecimentos que não são corretos, mas que acontecem e que lhe chamam a atenção. Veja alguns exemplos.
  - Furar a fila para ser atendido antes de outras pessoas que já estavam nela há mais tempo.
  - Mexer em objetos ou pegá-los sem o consentimento do dono.
  - "Dar uma de esperto" e prejudicar o outro.
- Agora pense em uma história em que um dos personagens age de maneira errada e o outro lhe explica o correto a ser feito.
- Não se esqueça de que esses personagens devem ser animais que falam e comportam-se como seres humanos. Portanto, escolha-os pensando nas características que eles terão.
- Ao final da fábula, não se esqueça de escrever a moral da história.

Rascunho

2 Em seu caderno, registre as ideias que você tem para escrever a fábula. Escreva quantas ideias vierem à sua cabeça, sem se preocupar com a forma. Escolha sua melhor ideia e comece a escrevê-la, inserindo nela os personagens, a situação em que eles se encontram, o local e, se for o caso, o tempo em que a história ocorre. Não se esqueça de que sua fábula precisa ter um título e apresentar começo, meio e fim.

Gustavo Grazziano/Arquivo da editora

Revisão

3 Releia sua fábula e utilize as informações do quadro para revisar o texto.

	Sim	Preciso fazer/ refazer
Criei personagens que são animais e agem como humanos?		
Propus uma reflexão sobre o que pode ser considerado correto ou incorreto?		
Coloquei um título no início e explicitei uma moral no final da fábula?		
Revisei a ortografia das palavras tirando minhas dúvidas e consultando um dicionário?		

4 Copie a versão final da sua fábula em uma folha à parte, fazendo os ajustes necessários. Faça letra legível e não rasure. Escreva seu nome na folha e entregue-a para o professor.

Meu texto

Depois que fizer todas as correções no texto, você poderá montar com os colegas o livro **Fábulas da nossa turma** e deixá-lo na biblioteca da escola. Vocês também poderão combinar dias diferentes para cada aluno levar o livro para casa e mostrá-lo aos pais.

ATIVIDADES DO CAPÍTULO

1. Observe a expressão das crianças e complete a cruzadinha com a interjeição mais adequada.

Ilustrações: Estúdio Mil/ Arquivo da editora

2. Crie uma história de apenas um parágrafo que contenha as expressões **em cima**, **embaixo**, **em frente**, **de repente** e **por isso**.

____

____

____

____

____

____

3. Leia as palavras e acentue-as, caso seja necessário.

ponei	saudavel	cafe
ajuda	amizade	paleto
plastico	mocoto	lampada

- Agora classifique todas elas quanto à sílaba tônica.

4. Releia um trecho do apólogo **A Dificuldade e a Felicidade**.

A **Dificuldade**, muito **difícil** que era, em vez de **responder**, criou **um** caso: colocou **dez** pedras enormes no caminho da **Felicidade**. A Felicidade, que já estava com as **asas** meio tortas de tanto levar pedrada, **pulou** uma, duas, três, quatro, **cinco**... e quando chegou na sexta, **ufa**! [...]

- Classifique as palavras em destaque.

CAPÍTULO

12 A GENTE APRENDE BRINCANDO

LEITURA 1

Você gosta de contar e escutar piadas? Já ficou sem entender uma piada e riu mesmo assim? Você conhece outra forma pela qual a piada é chamada? Leia o texto a seguir e descubra!

Filipe Rocha/Arquivo da editora

As anedotinhas do Bichinho da Maçã

Tão logo acordou, o Bichinho da Maçã convocou toda a bicharada da floresta.

Reuniu a turma embaixo da sua árvore e, com todos instalados confortavelmente na sombra, se ajeitou pra começar a contar suas piadas.

Com o canto do olho deu uma conferida.

Estavam todos ali. Até mesmo o caracol já havia chegado.

O Bichinho começou a contar anedotas uma atrás da outra e os animais não pararam mais de rir.

[...]

Juquinha foi ser escoteiro. No primeiro dia chegou em casa todo feliz.

A mãe perguntou:

— Fez sua boa ação hoje, filho?

— Fiz, mãe, mas deu um trabalhão!

— O que foi que você fez?

— Ajudei uma velhinha a atravessar a rua.

— Mas, meu anjo, isso não é trabalho nenhum.

— Não é, hein? A senhora precisava ver! A velha não queria atravessar de jeito nenhum!

As anedotinhas do Bichinho da Maçã, de Ziraldo. São Paulo: Melhoramentos, 2006. p. 7 e 10.

Reprodução/Ed. Melhoramentos

ATIVIDADES

1 Você descobriu a outra forma pela qual a **piada** é chamada? Qual é?

2 Observe na página anterior a foto da capa e leia o nome do livro do qual a anedota foi retirada e faça o que se pede.

a) Para qual público você acha que o livro é direcionado? Por quê?

b) Procure no dicionário o significado da palavra **anedota** e escreva-o.

c) Se você fosse substituir o termo **anedotinhas** no título do livro por outra palavra, sem mudar o seu sentido, como o título ficaria?

3 Assinale a alternativa que indica qual a finalidade do trecho do texto que traz a história do Juquinha.

- [ ] A finalidade é transmitir um ensinamento.
- [ ] A finalidade é provocar a reflexão sobre uma situação do cotidiano.
- [ ] A finalidade é fazer rir, produzir humor.

> A palavra **anedota** tem o mesmo significado de piada: trata-se de uma história breve e engraçada.

4 Em sua opinião, por que o Bichinho da Maçã fez questão de que todos os bichos da floresta estivessem ali para escutá-lo?

5 Converse com seus colegas e responda ao que se pede.

- Na anedota, Juquinha conseguiu agir do modo como se espera que os escoteiros ajam, ou seja, procurando ajudar as pessoas à sua volta? Justifiquem a resposta.

6 Você compreendeu a anedota? Em sua opinião, qual foi a graça dela?

Estúdio 1 mais 2/ Arquivo da editora

MERGULHO NA ESCRITA GRAMÁTICA

Adjetivo: grau superlativo

1 Leia as frases abaixo, sobre o Bichinho da Maçã, e faça o que se pede.

- O Bichinho da Maçã era **engraçado**.
- O Bichinho da Maçã era **muito engraçado**.
- O Bichinho da Maçã era **engraçadíssimo**.

a) Em sua opinião, qual das frases melhor caracteriza o Bichinho da Maçã?

____

b) O que a primeira frase tem de diferente em relação às outras duas?

____

____

Quando queremos enfatizar, elevar, intensificar a qualidade de um objeto ou de uma pessoa, usamos o **grau superlativo de superioridade do adjetivo**.

Em geral, usamos palavras como **muito** e **bastante** antes do adjetivo (muito engraçado) ou acrescentamos algumas terminações, como **-íssimo**/**-íssima**, nos adjetivos (engraçadíssimo).

2 Releia este trecho da anedota.

Juquinha foi ser escoteiro. No primeiro dia chegou em casa **todo feliz**.

- Como você reescreveria o trecho para intensificar a felicidade de Juquinha? Se tiver dúvidas, consulte o dicionário ou pergunte ao professor.

____

____

____

3 Leia as frases e reescreva-as passando os adjetivos em destaque para o grau superlativo.

a) Marina ganhou um cachorro **fofo**.

____

____

____

b) Você e seus amigos são **educados**.

____

____

____

c) João achou aquele lugar **esquisito**.

____

____

d) São Paulo é uma cidade **agitada**.

____

____

4 Os adjetivos do quadro estão no grau superlativo.

altíssimo	brevíssimo	elegantíssima	baixíssimo	caríssima	felicíssimo

- Escolha um deles para completar cada uma das frases a seguir. Observe a adequação do adjetivo ao contexto da frase.

a) A atriz que recebeu o prêmio estava ______________.

b) Já que a revista estava ______________, preferi comprar o gibi.

c) Gustavo ficou ______________ quando viu o *videogame*.

d) O Cristo Redentor, no Rio de Janeiro, é ______________.

MERGULHO NA ESCRITA ORTOGRAFIA

Uso de mas e mais

1 Releia estes dois trechos do texto **As anedotinhas do Bichinho da Maçã** e observe as palavras destacadas.

> O Bichinho começou a contar anedotas uma atrás da outra e os animais não pararam **mais** de rir.

> — Fez sua boa ação hoje, filho?
> — Fiz, mãe, **mas** deu um trabalhão!

a) As duas palavras destacadas são pronunciadas de forma muito parecida, mas há uma diferença no modo como são escritas. Que diferença é essa?

____

____

____

b) Essas palavras significam a mesma coisa? Qual é o sentido delas? Converse com o professor e os colegas.

2 Leia estas conclusões a respeito da anedota do Bichinho da Maçã e responda ao que se pede.

1. Juquinha achou que fez uma boa ação, **mas** não fez.
2. Juquinha precisa receber **mais** orientações sobre o que são boas ações.

a) Em qual das duas conclusões o termo destacado pode ser substituído pela palavra **porém** sem que a frase perca o seu sentido?

____

b) Reescreva a frase que você indicou acima fazendo a substituição por **porém**.

____

____

Usa-se a palavra **mais** quando se quer passar a ideia de adição (maior quantidade, maior intensidade) ou quando se quer indicar o contrário de **menos**. Exemplos: *Eu quero mais pipoca. / Ele é mais alto pessoalmente.*

Usa-se a palavra **mas** quando se pretende apresentar uma ideia que se opõe a outra dita anteriormente. Também é usada para apresentar uma dificuldade. Exemplos: *Batata frita é gostosa, mas não é saudável. / Quero ir ao cinema, mas não sei se terei tempo.*

3 Complete as frases com **mais** ou **mas**.

a) Coloque ________________ açúcar, ________________ não deixe o suco muito doce.

b) Talvez amanhã ele esteja ____________ animado, ____________ hoje ele está triste.

c) Gosto muito de dançar, ________________ não gosto quando pisam no meu pé.

d) É muito ________________ divertido brincar lá fora, ________________ só quando não faz frio.

4 Leia a tirinha e, com a ajuda de seus colegas, explique o uso da palavra **mas**.

Macanudo n. 2, de Liniers. São Paulo: Zarabatana Books, 2009. p. 16.

LEITURA 2

Você gosta de histórias em quadrinhos? Quais são seus personagens preferidos? De que outra maneira podemos chamar as histórias em quadrinhos?

A personagem principal dos quadrinhos que você vai ler chama-se Mônica. Você já leu alguma história com essa personagem? Se ela fosse atacada por um monstro, como será que reagiria? Descubra lendo a história em quadrinhos a seguir.

Turma da Mônica, de Mauricio de Sousa. Disponível em: <www.monica.com.br/comics/tabloide/tab045.htm>. Acesso em: 19 jun. 2013.

ATIVIDADES

1 Reconte a história quadrinho a quadrinho para seus colegas. Depois, responda: antes de ler a história, o que você pensou que aconteceria? Algo surpreendeu você nessa história em quadrinhos? O quê?

2 Observe novamente o primeiro quadrinho da história. Nele o monstro está emitindo um som. Observe o que está escrito no balão, a expressão do mostro e a expressão da Mônica. Como é o som que o monstro está produzindo: assustador, alegre, triste, divertido? Por que ele está fazendo isso?

____

____

A **história em quadrinhos** é uma narrativa que combina linguagem verbal (falas escritas em balões e legendas) e linguagem visual (imagem gráfica) para contar uma história. Ela também pode ser chamada de HQ, que é uma abreviação dessa expressão.

3 Leia novamente os balões que aparecem na HQ da Mônica. Qual é a função desses balões?

____

____

4 Assinale com um **X** somente as afirmativas verdadeiras.

- [ ] Nos contos, as falas dos personagens são indicadas pelo uso de travessão ou aspas. Nas histórias em quadrinhos, as falas aparecem dentro de balões de fala.
- [ ] As histórias em quadrinhos podem ser chamadas de HQs.
- [ ] Se não houver balão de fala, não é possível entender o quadrinho.

5 Volte ao último quadrinho da história e responda no caderno.

a) O que a Mônica está fazendo e por que ela foi parar naquela posição?

b) A expressão no rosto dela indica que tipo de sentimento?

6 Em sua opinião, qual é a graça dessa história em quadrinhos?

Estúdio Ornitorrinco/Arquivo da editora

MERGULHO NA ESCRITA GRAMÁTICA

Variações linguísticas

1 Você vai ler uma tirinha do Chico Bento. Converse com seus colegas e responda: você conhece esse personagem? O que você sabe sobre ele? Em seguida, leia a tira.

2 O que você observa na fala do personagem? Na região onde você mora, as pessoas falam de um jeito parecido com o dele?

____

____

No Brasil é possível perceber que, em diversas regiões, existe uma grande variação no modo de falar das pessoas. Na região Sul fala-se de um modo, na região Nordeste e no interior de alguns estados, de outro. A esses diferentes modos de falar dá-se o nome de **variação linguística**.

A fala representada na tirinha do personagem Chico Bento, por exemplo, tem como modelo falas comuns no interior do estado de São Paulo, além de outras localidades interioranas nas regiões Sul e Sudeste. Uma das características dessa fala é a presença do **r** em lugar do **l** em algumas palavras, como **arguma/alguma**.

3 A professora tem dificuldade de entender o que o Chico Bento diz? Explique sua resposta.

____

____

4 O que deixa a tirinha engraçada? Se a mesma tira tivesse outro personagem no lugar de Chico Bento, que falasse de um modo diferente do dele, a tira continuaria engraçada?

5 A língua pode variar de região para região, mas também pode variar por diversos outros fatores dentro de um mesmo local. Na cidade ou estado onde mora, você nota variação linguística entre pessoas de idades diferentes, por exemplo? O que muda no modo de falar dessas pessoas?

A língua também pode variar de acordo com a **situação de comunicação**. Em situações mais formais, é preciso estar atento ao modo de falar, para usar uma linguagem mais polida. Deve-se, por exemplo, obedecer às regras de concordância, deixar de usar gírias, entre outras coisas. Já em situações mais informais, podemos usar uma linguagem mais descontraída, espontânea.

6 As alternativas a seguir apresentam diferentes situações de comunicação. Marque com um **F** as situações em que deve ser usada uma linguagem mais **formal**, mais atenta, e com um **I** as situações em que a língua pode ser usada de modo mais **informal** e espontâneo.

- ☐ Conversa com os seus amigos.
- ☐ Entrevista de emprego.
- ☐ Troca de mensagens com amigos nas redes sociais.
- ☐ Redação do colégio.
- ☐ Carta para o diretor da escola ou o presidente da empresa.
- ☐ Festa em família.

7 Você acha que o Chico Bento deveria mudar seu modo de falar?

____

____

____

____

____

____

MEUS TEXTOS

História em quadrinhos

Neste capítulo, além de uma anedota, você leu uma história em quadrinhos. Agora é o momento de aplicar suas habilidades artísticas para criar uma HQ. Separe papel, lápis preto, canetinhas e lápis de cor para iniciar sua produção. Ela fará parte do **Gibi da turma**, do qual o seu professor poderá fazer várias cópias para distribuir à comunidade escolar: pais, professores, alunos e funcionários!

Planejamento

1 Para isso, pense na sua história.

- Ela terá de ser breve, como a HQ que você leu. A história pode contar uma situação real ou criada por você.
- Pense também nos personagens. Você pode usar um personagem dos quadrinhos de que você gosta ou retratar você mesmo, seus familiares ou amigos.
- Lembre-se de que os desenhos fazem parte da história. Isso quer dizer que eles contam muito do enredo sem você precisar escrever, por isso são tão importantes.
- Procure planejar em quantos quadrinhos você vai contar a história.

Rascunho

2 Separe algumas folhas de papel sulfite para esboçar seus desenhos e sua história.

- Se achar melhor, escreva-a como se fosse um breve conto (com personagens, local e tempo em que se passa a história) e depois a passe para os quadrinhos, junto aos desenhos, na forma de balões de fala, que podem mostrar seus personagens falando normalmente, gritando ou pensando.
- Não se esqueça de que os desenhos são muito importantes para o desenvolvimento da história. Por meio da expressão facial, sabemos se os personagens estão tristes, felizes, esperançosos, com raiva, etc.
- A ordem dos quadrinhos deve ser pensada e organizada previamente, para mostrar a sequência dos principais acontecimentos da história.

3 Treine como você fará os desenhos; use o lápis preto para que possa apagar, se for preciso. Lembre-se de que sua HQ precisa ter um título e apresentar começo, meio e fim.

Revisão

4 Para fazer a revisão, responda aos itens da tabela, verificando se você escreveu a história em quadrinhos adequadamente.

	Sim	Preciso fazer/ refazer
Escrevi um título para a minha história em quadrinhos?		
Elaborei uma história com começo, meio e fim?		
É possível identificar os personagens e as situações nos desenhos que fiz?		
Usei os balões de fala de maneira adequada?		

Meu texto

5 Depois de fazer a revisão de sua história em quadrinhos, escreva a versão final em uma folha à parte e pinte-a usando canetinhas, lápis de cor e outros materiais que você julgue necessários. Escreva o texto da história em quadrinhos em letra legível e sem rasuras dentro dos balões de fala.

6 Quando a sua história em quadrinhos estiver pronta, organize o **Gibi da turma** com a ajuda do professor.

Estúdio Mil/Arquivo da editora

ATIVIDADES DO CAPÍTULO

1. Leia a anedota abaixo e, depois, converse com o professor e os colegas sobre as questões a seguir.

O dono do mercadinho foi à casa de um freguês para receber a conta. Um garotinho veio atendê-lo à porta.

— Você pode chamar seu pai? — solicitou gentilmente o cobrador.

— Meu pai não está em casa, acabou de sair... — respondeu o garoto.

— Como não está? — recuou espantado o comerciante. — Eu o vi na janela quando estava vindo para cá!

— Pois é, ele também viu o senhor, e por isso desapareceu...

Adaptado de: **As melhores piadas infantis**. Disponível em: <http://sitededicas.ne10.uol.com.br/humor_piadas3a.htm>. Acesso em: 4 mar. 2016.

Estúdio Mil/Arquivo da editora

a) Por que o dono do mercadinho recua espantado quando o menino diz que o pai não está em casa?

b) Por que você acha que o pai do menino não quis receber o dono do mercadinho?

c) Qual é a graça dessa piada?

2. Coloque os adjetivos das frases no grau superlativo.

a) O metrô anda rápido.

____

____

b) No filme a que assisti, o homem era forte.

____

____

3. Escreva uma frase usando as palavras **mas** e **mais**.

____

____

4. Associe as imagens aos nomes dados em diferentes regiões do Brasil.

[1] jerimum, abóbora

[2] mexerica, bergamota, mimosa

[ ] 

Christian Jung/Shutterstock/Glow Images

[ ] 

Viktar Malyshchyts/Shutterstock/Glow Images

5. Escreva **V** para as afirmações verdadeiras e **F** para as falsas.

[ ] Só existe um modo de falar, por isso as pessoas vão à escola para aprendê-lo.

[ ] Há diversos modos de falar, e a essa diversidade damos o nome de variação linguística.

[ ] É preciso adequar nosso modo de falar de acordo com a situação.

[ ] As variações linguísticas são erros da fala.

6. Sobre as histórias em quadrinhos, assinale com um **X** as alternativas corretas.

[ ] Não é possível entender histórias em quadrinhos sem balões de fala.

[ ] As histórias em quadrinhos também podem ser chamadas de HQs.

[ ] As histórias em quadrinhos combinam linguagem visual e verbal.

O QUE APRENDI?

Everett Collection/Keystone

1. No filme, o nariz do Pinóquio cresce a cada vez que ele conta uma mentira. No capítulo 10 você leu a crônica **A mentira**, em que os personagens também mentem. Converse com o professor e os colegas sobre as questões a seguir.

   a) Nessa crônica, a mentira é tratada de uma forma séria ou bem-humorada? Por que você acha que o cronista optou por abordar o tema desse jeito?

   b) Como você sabe, o texto **A mentira** é uma crônica. O que textos como esse buscam proporcionar ao leitor?

2. Ainda no capítulo 10, há um conto de artimanha em que dona Durvalina tenta viajar carregando uma pata. No caso desse conto, essa mulher conta uma mentira? Explique.

____

____

____

____

3. Caso você quisesse transformar a história da mulher que deseja transportar uma pata em uma história engraçadíssima, você poderia escrever:

☐ uma anedota. ☐ uma fábula. ☐ um apólogo.

4. A palavra **engraçadíssima** é um adjetivo que está no grau superlativo de:

- [ ] superioridade.
- [ ] inferioridade.

5. Agora, assinale com um **X** as afirmações corretas sobre a palavra **Pinóquio**.

- [ ] A sílaba tônica possui acento gráfico.
- [ ] É uma palavra proparoxítona.
- [ ] É uma palavra paroxítona.

6. Imagine que alguém escreveu uma sinopse para o filme do Pinóquio e pediu a você que a corrigisse. Leia a sinopse e reescreva-a corretamente

Gepeto é um carpinteiro solitário que decide fazer um bonecos de madeira. O que ele não sabe é que o boneco ganhará vida e que eles viveram muitas aventuras. Onde vai, o boneco se mete em confusão por causa das mentiras que inventa. Mais Gepeto estamos sempre disposto a ajudá-lo e a ensiná-lo que não é correto mentir.

____

____

____

____

____

____

MINHA COLEÇÃO DE PALAVRAS

Escreva, com suas palavras, o que você entende por:

- interjeição: ____

____

____

- numeral: ____

____

PARA SABER MAIS

LIVROS

Reprodução/Editora Moderna

Felpo Filva, de Eva Furnari. São Paulo: Moderna.

O coelho Felpo Filva é um bichinho diferente: além de ser escritor, tem uma orelha mais comprida que a outra. Um dia, Felpo recebe uma carta de Charlô, uma fã que discordava de suas ideias. Assim tem início uma troca de correspondência que mudará muita coisa na vida dos dois!

Reprodução/Editora FTD

Carta errante, avó atrapalhada, menina aniversariante, de Mirna Pinsky. São Paulo: FTD.

Pedro Boné é um carteiro experiente que um dia recebe um grande desafio: entregar para a menina Luciana uma carta enviada por sua avó, que, por engano, escreveu em hebraico o endereço da neta. E agora?

Reprodução/Editora Companhia das Letrinhas

Viagens para lugares que eu nunca fui, de Arthur Nestrovski. São Paulo: Companhia das Letrinhas.

O autor Arthur Nestrovski cria um caderno de viagens imaginárias com essa história, provando que, escrevendo ou lendo um bom livro, é possível viajar sem sair de casa.

Reprodução/Editora Ática

Vocês pensam que é fácil?, de Michele Iacocca. São Paulo: Ática.

Neste livro, um garoto usa o caderno para desenhar, criar versos e desabafar sobre as dificuldades de seu dia a dia.

Reprodução/Editora 34

O flautista misterioso e os ratos de Hamelin, de Braulio Tavares. São Paulo: Editora 34.

A antiga história de conto de fadas sobre um flautista que encantava ratos na cidade de Hamelin é recontada pelo autor Braulio Tavares com um enredo atual e em forma de cordel.

Reprodução/Editora LeYa

Aves musicais, de Thomaz Meanda. São Paulo: LeYa.

O que as aves e os instrumentos musicais têm em comum? Neste livro, o autor Thomaz Meanda propõe exercícios ao leitor para que encontre as semelhanças existentes entre alguns instrumentos musicais e as aves que existem na natureza.

Reprodução/Editora Scipione

Papagaio do limo verde, de Sílvio Romero. São Paulo: Scipione.

Neste conto recolhido na cultura popular por Sílvio Romero, uma linda moça namora um pássaro encantado, até que um dia suas vizinhas invejosas encontram uma forma de separá-los. A jovem inicia, então, uma longa peregrinação em busca de seu príncipe.

A incrível história da orquestra, de Bruce Koscielniak. São Paulo: Cosac Naify.

Neste livro, o autor nos propõe uma viagem no tempo, contando desde como se deu o desenvolvimento dos instrumentos musicais até a formação das orquestras.

Reprodução/Editora Cosac Naify

Reprodução/Editora Galerinha Record

Classificados e nem tanto, de Marina Colasanti. Rio de Janeiro: Galerinha Record.

Este livro é repleto de classificados! Mas nele não encontramos anúncios comuns de venda de casas, carros, artigos eletrônicos ou instrumentos musicais. O que se vê são anúncios rimados e cheios de poesia, com estrelas cadentes, sereias friorentas e até mesmo um abacaxi maduro.

Natureza e poluição, de Brigitte Labbé e Michel Puech. São Paulo: Scipione.

Como evitar a poluição e garantir um ambiente saudável? A partir da ideia de que o ser humano muda a natureza para facilitar sua vida, as situações deste livro estimulam a reflexão sobre como se relacionar com o meio ambiente.

Reprodução/Editora Scipione

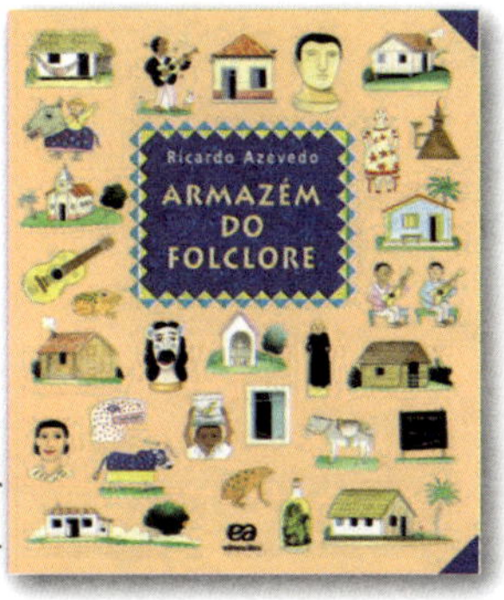

Reprodução/Editora Ática

Armazém do folclore, de Ricardo Azevedo. São Paulo: Ática.

Neste "armazém", os leitores encontram diversas manifestações culturais reunidas. São quadrinhas, contos, adivinhas, brincadeiras com palavras, entre outras.

Pinóquio, de Carlo Collodi. São Paulo: Scipione.

Gepeto fabrica um boneco de madeira e lhe dá o nome de Pinóquio. Com pena do idoso solitário, uma fada dá vida ao boneco para que ele faça companhia ao pobre homem. Pinóquio então se torna um personagem muito travesso que sonha em se tornar um menino de verdade.

Reprodução/Editora Scipione

Reprodução/Editora Ática

Cacoete, de Eva Furnari. São Paulo: Ática.

O menino Frido morava em Cacoete, uma cidade muito organizada. Em busca de uma maçã para sua professora, ele se mete com a bruxa Núrcia. A mania de organização do menino deixa a bruxa irritada, transformando para sempre o estilo de vida de Cacoete.

Reprodução/Editora Brinque-Book

A guerra dos bichos: cordel para crianças, de Luiz Carlos Albuquerque. São Paulo: Brinque-Book.

Neste livro o autor narra, em forma de cordel, a luta entre os homens e os animais.

Reprodução/Editora Brinque-Book

A lenda do violeiro invejoso, de Fábio Sombra. São Paulo: Brinque-Book.

Neste cordel, o autor narra a história do violeiro Balbino e de Marcolino, seu irmão gêmeo, que travam uma disputa musical no meio do sertão.

Reprodução/Editora Companhia das Letrinhas

Divinas aventuras: histórias da mitologia grega, de Heloisa Prieto. São Paulo: Companhia das Letrinhas.

Posêidon, Zeus, Atena, Perseu, Medusa e muitos outros personagens da mitologia grega fazem parte deste livro.

AUDIOLIVRO

Reprodução/Audiolivro

Andersen e suas histórias, de Hans Christian Andersen e adaptação de Regina Drummond. São Paulo: Audiolivro.

Neste audiolivro, Regina Drummond adaptou as histórias de Hans Christian Andersen, um dos mais importantes autores de contos de fadas de todos os tempos.

VÍDEOS

Reprodução/Warner Bros.

Onde vivem os monstros, Spike Jonze (Dir.). Estados Unidos: Warner, 2009. Duração: 101 minutos.

Max é um garoto carente que é mandado para o quarto de castigo por conta de sua desobediência. O menino então foge de casa e, escondido nos arredores do bairro, é transportado para um mundo cheio de monstros que o consideram um rei.

O menino e o mundo, Alê Abreu (Dir.). Brasil: Espaço Filmes, 2013. Duração: 80 minutos.

A animação conta a história de um garotinho que, por sofrer com a ausência do pai, deixa a cidade onde mora e parte para um mundo fantástico.

Reprodução/Arquivo da editora

CD

Tum Pá, de Barbatuques. São Paulo: MCD.

Os Barbatuques são músicos brasileiros que usam como instrumento o próprio corpo. O CD **Tum Pá** é a primeira produção do grupo dedicada ao público infantil.

Reprodução/MCD

SITE

Povos Indígenas no Brasil Mirim

<http://pibmirim.socioambiental.org/pt-br>. Acesso em: 16 mar. 2016.

O PIB Mirim faz parte do Instituto Socioambiental (ISA) e tem o objetivo de fazer com que as crianças se aproximem da cultura dos povos indígenas brasileiros e de sua história.

<http://pibmirim.socioambiental.org>/Arquivo da editora

BIBLIOGRAFIA

ALMEIDA, G. P. de. *Transposição didática:* por onde começar. São Paulo: Cortez, 2007.

ANTUNES, I. *Aula de Português:* encontro & interação. São Paulo: Parábola, 2003.

BAKHTIN, M. Os gêneros do discurso. In: *Estética da criação verbal*. São Paulo: Martins Fontes, 1992.

_________; VOLOCHÍNOV, V. N. *Marxismo e filosofia da linguagem*. São Paulo: Hucitec, 1995.

BATISTA, A. A. *Aula de Português:* discurso e saberes escolares. São Paulo: Martins Fontes, 1997.

BECHARA, E. *Moderna gramática portuguesa*. Ed. rev., ampl. e atual. conforme o Novo Acordo Ortográfico. Rio de Janeiro: Nova Fronteira, 2009.

BEZERRA, B. G.; BIASI-RODRIGUES, B.; CAVALCANTE, M. (Org.). *Gêneros e sequências textuais*. Recife: Edupe, 2009.

BRANDÃO, H. N. (Coord.). *Aprender e ensinar com textos didáticos e paradidáticos*. São Paulo: Cortez, 2000. v. 2.

_________ (Coord.). *Gêneros do discurso na escola*. São Paulo: Cortez, 2000. v. 5. (Coleção Aprender e ensinar com textos).

BRASIL. Ministério da Educação. Secretaria de Educação Fundamental. *Parâmetros Curriculares Nacionais (1ª a 4ª séries):* Língua Portuguesa. Brasília, 1997.

BRONCKART, J-P. *Atividade de linguagem, textos e discursos:* por um interacionismo sociodiscursivo. São Paulo: Educ, 2007.

_________. MACHADO, A. R.; MATENCIO, M. de L. M. (Org.). *Atividade de linguagem, discurso e desenvolvimento humano*. Campinas: Mercado de Letras, 2006.

CAMPO, M. I. B. *Ensinar o prazer de ler*. São Paulo: Olho d'Água, 2003.

CARVALHO, R. C.; LIMA, P. (Org.). *Leitura:* múltiplos olhares. Campinas: Mercado de Letras, 2005.

CASTILHO, A. T. de. *A língua falada no ensino de Português*. São Paulo: Contexto, 1998.

CAVALCANTE, M. M. et al. (Org.). *Texto e discurso sob múltiplos olhares:* gêneros e sequências textuais. Rio de Janeiro: Lucerna, 2007. v. 1.

CITELLI, A. *Linguagem e persuasão*. São Paulo: Ática, 2002.

COLL, C. et al. *Os conteúdos na reforma:* ensino e aprendizagem de conceitos, procedimentos e atitudes. Tradução de Beatriz Affonso Neves. Porto Alegre: Artmed, 1998.

COSTA, S. R. *Dicionário de gêneros textuais*. Belo Horizonte: Autêntica, 2008.

DELORS, J. (Org.). *Educação:* um tesouro a descobrir. Relatório para a Unesco da Comissão Internacional sobre a Educação para o século XXI. São Paulo: Cortez; Brasília: Unesco, 1999.

DIONÍSIO, A. P.; MACHADO, A. R.; BEZERRA, M. A. (Org.). *Gêneros textuais & ensino*. Rio de Janeiro: Lucerna, 2007.

FAZENDA, I. (Org.). *Práticas interdisciplinares na escola*. São Paulo: Cortez, 2001.

FRANCHI, C.; NEGRÃO, E. V.; MÜLLER, A. L. *Mas o que é mesmo "Gramática?"*. São Paulo: Parábola, 2006.

FREIRE, P. *Pedagogia da autonomia:* saberes necessários à prática educativa. São Paulo: Paz e Terra, 2003.

GERALDI, J. W. (Org.). *O texto na sala de aula*. São Paulo: Ática, 2002.

GUIMARÃES, A. M. de M.; MACHADO, A. R.; COUTINHO, A. (Org.). *O interacionismo sociodiscursivo:* questões epistemológicas e metodológicas. Campinas: Mercado de Letras, 2007.

KLEIMAN, A. *A formação do professor*. Campinas: Mercado de Letras, 2001.

_________; MORAES, S. *Leitura e interdisciplinaridade:* tecendo redes nos projetos da escola. Campinas: Mercado de Letras, 1999.

KOCH, I. V.; ELIAS, V. M. *Ler e compreender:* os sentidos do texto. São Paulo: Contexto, 2006.

LIMA, M. C. A. de. *Textualidade e ensino:* os aspectos lógico-semântico-cognitivos da linguagem e o desempenho discursivo escolar. São Paulo: Unesp, 2006.

MARCUSCHI, L. A. *Da fala para a escrita:* atividades de retextualização. São Paulo: Cortez, 2001.

_________. *Produção textual, análise de gêneros e compreensão*. São Paulo: Parábola, 2008.

_________; XAVIER, A. C. (Org.). *Hipertexto e gêneros digitais:* novas formas de construção dos sentidos. São Paulo: Cortez, 2010.

MARTINS, M. H. *O que é leitura*. São Paulo: Brasiliense, 1994.

MARZANO, R. J.; PICKERING, D. J. *Construindo um vocabulário acadêmico*. Association for Supervision and Curriculum Development. Alexandria, Virginia, Estados Unidos, 2005.

PERINI, M. A. *Para uma nova gramática do português*. São Paulo: Ática, 1993.

PERRENOUD, P. *Construir as competências desde a escola*. Tradução de Bruno Charles Magne. Porto Alegre: Artmed, 1999.

ROJO, R. *A prática de linguagem em sala de aula:* praticando os PCN. São Paulo: Educ; Campinas: Mercado de Letras, 2000.

_________; BATISTA, A. A. *Livro didático de Língua Portuguesa:* letramento e cultura escrita. Campinas: Mercado de Letras, 2003.

SCHNEUWLY, B.; DOLZ, J. et al. *Gêneros orais e escritos na escola*. Tradução de Roxane Rojo e Glaís Sales Cordeiro. Campinas: Mercado de Letras, 2004.

SIGNORINI, I. (Org.). *Gêneros catalisadores:* letramento e formação do professor. São Paulo: Parábola, 2006.

SOLÉ, I. *Estratégias de leitura*. Porto Alegre: Artmed, 1998.

TRAVAGLIA, L. C. *Gramática e interação:* uma proposta para o ensino de gramática. São Paulo: Cortez, 2008.

VYGOTSKY, L. S. *A formação social da mente*. São Paulo: Martins Fontes, 1999.

_________. *Pensamento e linguagem*. São Paulo: Martins Fontes, 2003.

Projeto

LUMIRÁ

Língua Portuguesa 4

Caderno de Atividades

Aluno: ....

Escola: ....

editora ática

SUMÁRIO

Páginas 18-19 do livro

Palavras com c, s, ss e ç

1 Complete as palavras com as letras **c**, **s**, **ss** ou **ç**.

- endere_______o
- _______enhor
- a_______inatura
- aten_______ão
- _______oli_______ita_______ão
- a_______unto
- agrade_______imento
- aten_______iosamente
- correspondên_______ia
- cabe_______alho

a) Leia em voz alta as palavras que você completou. O que as letras **c**, **s**, **ss** e **ç** têm em comum?

____

____

b) Escolha duas palavras e as utilize para escrever uma frase.

____

____

2 Encontre no diagrama palavras em que as letras **c** e **s** têm o mesmo som.

D	O	C	E	P	E	S	Q	U	I	S	A	T	R	O	E
C	A	R	A	M	U	J	O	B	C	E	C	F	C	L	S
N	J	S	A	P	O	A	R	Q	O	J	E	I	B	C	P
P	I	B	V	N	T	Q	Q	E	L	L	R	M	S	S	E
F	E	L	I	C	I	D	A	D	E	I	E	I	I	G	C
H	C	A	S	A	J	K	L	X	J	W	J	S	N	R	I
Q	C	F	B	G	M	Q	E	V	A	C	A	A	O	P	A
C	D	S	U	P	J	O	F	D	E	O	G	P	H	L	L
O	U	K	Y	L	A	T	I	M	H	L	L	I	A	H	T

Páginas 16-17 e 24-25 do livro

Encontro vocálico e encontro consonantal

1 Circule os encontros vocálicos das palavras abaixo e numere-as conforme a legenda.

1 ditongo	2 hiato	3 tritongo

☐ viúvo	☐ chapéu	☐ céu	☐ sabão	☐ sabiá	☐ saguão
☐ iguais	☐ álcool	☐ baú	☐ noite	☐ leite	☐ rio

2 Observe as imagens abaixo e faça o que se pede.

a) Escreva o nome de cada animal separando as sílabas.

Willyam Bradberry/Shutterstock
tartaruga

____

Gualtiero boffi/Shutterstock
hiena

____

Stu Porter/Shutterstock
zebra

____

Adam Van Spronsen/Shutterstock
urso

____

Dieter Meyrl/iStock/Getty Images
toupeira

____

Natalia Pushchina/Shutterstock
avestruz

____

b) Agora, distribua nas colunas abaixo os nomes que você escreveu.

Ditongo	Hiato	Encontro consonantal na mesma sílaba	Encontro consonantal em sílabas diferentes

Páginas 36-37 do livro

Palavras com s e z

1 Escreva as palavras abaixo na coluna adequada, completando-as com **s** ou **z**.

co★inhar ga★olina on★e a★ia televi★ão parafu★o
bra★ileiro a★a lou★a lapi★eira bu★ina bati★ado a★edo
ca★amento a★ul prince★a bele★a mole★a te★ouro juí★o

Palavras escritas com s	Palavras escritas com z

- O que as letras **s** e **z** dessas palavras têm em comum?

____

____

2 Complete as palavras abaixo com **s** ou **z**.

a) imortal → imortali_______ar

b) valor → valori_______ar

c) análise → anali_______ar

d) descanso → descan_______ar

e) curso → cur_______ar

f) parafuso → parafu_______ar

g) ridículo → ridiculari_______ar

h) inferior → inferiori_______ar

Páginas 34-35 e 40-41 do livro

Fonema e letra / Dígrafo

1 Escreva o número de letras e fonemas das palavras abaixo.

	Letras	Fonemas
chocolate		
padaria		
queijadinha		
boxe		
guitarrista		

	Letras	Fonemas
ambulância		
moeda		
janela		
mosquito		
contente		

2 Distribua adequadamente as palavras da atividade anterior nas colunas a seguir.

Palavras com dígrafo consonantal	Palavras com dígrafo nasal

3 Circule os dígrafos. Depois, complete as colunas com as palavras abaixo e o número de letras e fonemas de cada uma delas.

advogado ciclista travesseiro lâmpada umbigo piscina taxista

	Letras	Fonemas

Páginas 56-57 do livro

Sons representados por **x**

1 Encontre no diagrama palavras com a letra **x**.

X	E	R	E	T	A	T	R	C	E	X	Ó	T	I	C	O
P	R	G	H	N	E	C	A	U	X	Í	L	I	O	H	P
V	E	A	X	I	L	A	L	P	N	X	I	G	F	Q	S
T	G	H	N	D	E	X	E	M	P	L	O	V	A	B	A
A	P	R	O	X	I	M	A	Ç	Ã	O	R	I	O	L	X
U	J	T	Q	D	E	P	C	R	P	R	Ó	X	I	M	O
P	E	I	X	E	Z	V	A	R	I	F	S	Q	W	T	F
D	S	H	J	E	Z	T	I	N	T	O	R	C	P	Y	O
T	R	D	A	Z	S	V	X	M	Á	X	I	M	O	K	N
X	F	E	X	A	M	E	A	E	X	I	G	E	N	T	E
R	E	F	L	E	X	O	Q	Z	I	X	Í	C	A	R	A

2 Complete as colunas com as palavras da atividade anterior, conforme o som representado pela letra **x**.

x **como na palavra** bruxa	x **como na palavra** anexo	x **como na palavra** trouxe	x **como na palavra** exílio

3 Escreva mais uma palavra em cada uma das colunas da atividade anterior.

Páginas 54-55 e 64-65 do livro

Substantivos: simples e composto, primitivo e derivado

1 Escreva **S** para os substantivos simples e **C** para os substantivos compostos.

- [ ] ferro
- [ ] micro-ondas
- [ ] paraquedas
- [ ] Sol
- [ ] jornal
- [ ] pontapé
- [ ] leite
- [ ] dente
- [ ] guarda-costas
- [ ] amor-perfeito

2 Escreva dois substantivos derivados para cada substantivo simples da atividade anterior.

____

____

____

____

3 Dê o substantivo primitivo das palavras abaixo.

a) folhagem: ______________________________

b) porteiro: ______________________________

c) cozinheiro: ______________________________

d) fruteira: ______________________________

e) sorveteria: ______________________________

f) tristeza: ______________________________

g) chaveiro: ______________________________

h) jardineiro: ______________________________

Dois-pontos, travessão e aspas

1 Use algumas das palavras do quadro para completar a definição.

símbolo	sinal	travessão	aspas	hífen
dois-pontos	finalizar	terminar	ponto-final	

O ____________ de pontuação conhecido como ____________ é usado para indicar o início de uma fala. O parágrafo anterior a essa fala, em geral, termina com o sinal ____________. Podemos também indicar a fala colocando esse trecho entre ____________.

2 Observe a tirinha:

Disponível em: <www.monica.com.br/comics/tirinhas/tira22.htm>. Acesso em: 19 jun. 2013.

a) Escreva o que acontece na tirinha por meio de um trecho narrativo. Use dois-pontos e travessão.

b) Escreva o que acontece na tirinha por meio de um trecho narrativo. Use dois-pontos e aspas.

Páginas 88-89 do livro

Substantivo coletivo

1 Siga as dicas e resolva a cruzadinha.

1 Coletivo de livros.

2 Coletivo de estrelas.

3 Time é o coletivo de ★.

4 Coletivo de flores.

5 Enxame é o coletivo de ★.

6 Cardume é o coletivo de ★.

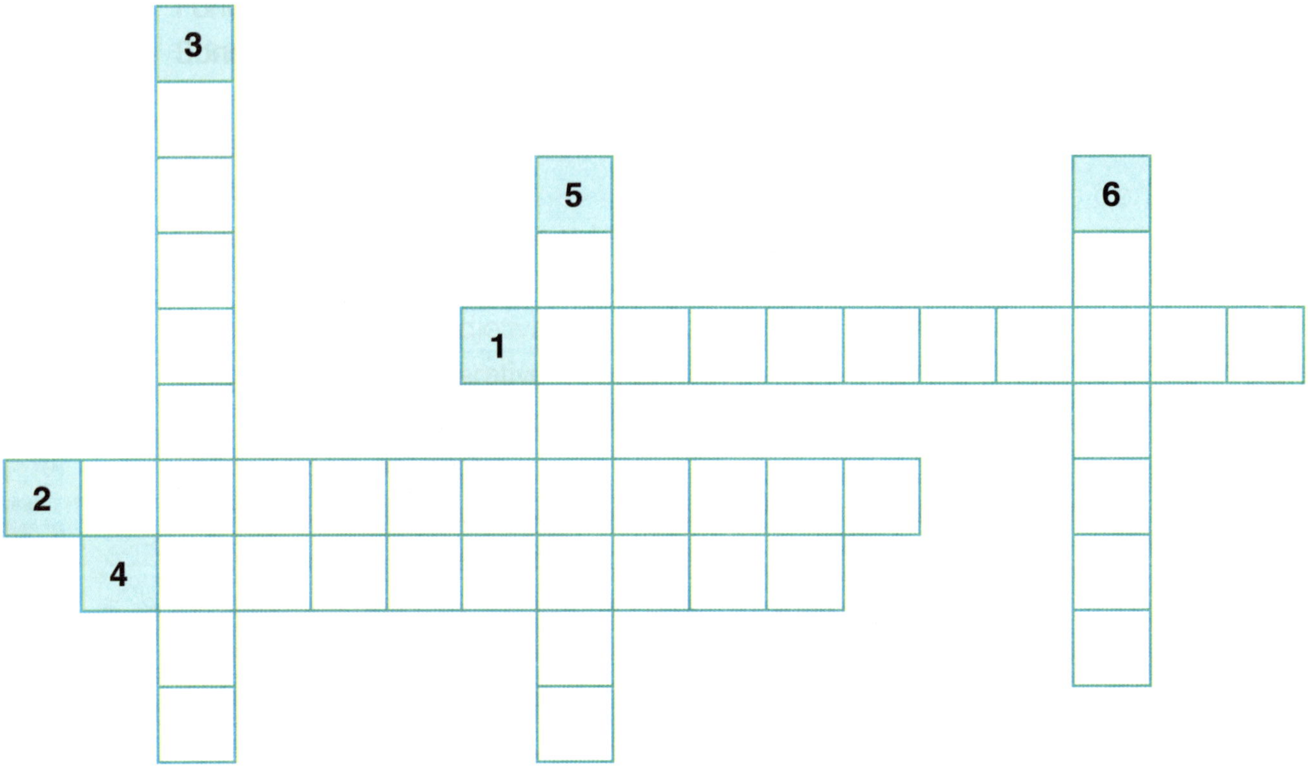

2 Escreva frases com o que se pede.

a) Coletivo de uva: ____________________.

____

b) Coletivo de mapa: ____________________.

____

c) Coletivo de músicos: ____________________.

____

Páginas 82-83 e 90-91 do livro

Palavras terminadas em **l** e **u** / As palavras **meio** e **meia**

1 Complete as palavras com **l** ou **u**.

a) funi_______

b) vo_______

c) trofé_______

d) sai_______

e) lenço_______

f) convence_______

g) consegui_______

h) futebo_______

i) fortalece_______

j) perni_______

k) furo_______

l) hote_______

2 Marque com um **X** as afirmações corretas.

- [ ] Tanto faz escrever as palavras com **l** ou com **u**.
- [ ] As letras **l** e **u**, em final de palavra, podem ser pronunciadas da mesma forma.
- [ ] Em geral, muitas das palavras que terminam com **u** são verbos, assim como muitas das palavras que terminam com **l** costumam ser substantivos.

3 Complete as frases com as palavras **meio** ou **meia**.

a) Fernanda estava _______________ preocupada com a prova.

b) Meu pai trouxe _______________ quilo de carne do açougue.

c) Felipe queria comer _______________ melancia, mas sua mãe não deixou.

d) Todas ficaram _______________ chateadas com o seu atraso.

Serhiy Kobyakov/ Shutterstock

Páginas 106-107 do livro

Sílaba tônica

1 Marque **V** para as afirmações verdadeiras e **F** para as falsas.

- ☐ A sílaba mais fraca de uma palavra é a sílaba tônica.
- ☐ Quando a última sílaba de uma palavra é a mais forte, ela é chamada de oxítona.
- ☐ Quando a penúltima sílaba de uma palavra é a mais forte, ela é chamada de paroxítona.
- ☐ Quando a antepenúltima sílaba de uma palavra é a mais forte, ela é chamada de paroxítona.

2 Reescreva e corrija as afirmações da atividade anterior que você marcou como falsas.

____

____

____

____

____

____

3 Complete as colunas a seguir com as palavras do quadro.

alcateia	música	urubu	príncipe	régua
anzol	último	história	pajé	

Palavras proparoxítonas	Palavras paroxítonas	Palavras oxítonas

Páginas 104-105 e 112-113 do livro

Adjetivo e locução adjetiva

1 Encontre quatro adjetivos no diagrama.

E	M	G	O	B	Ç	V	D	O	P	F	A	T	B	O	V
C	A	F	A	S	C	I	N	A	N	T	E	S	F	L	A
N	J	P	I	B	V	N	T	Q	W	E	R	Q	U	C	Z
I	N	T	E	R	E	S	S	A	D	O	S	S	J	S	I
A	G	I	A	D	I	D	A	D	E	U	F	I	L	G	O
H	E	S	P	E	R	T	A	C	A	S	A	J	C	R	I

2 Complete as frases com os adjetivos que você encontrou na atividade anterior.

a) O pote de mel está ______________________ .

b) Os alunos estavam muito ______________________ na aula.

c) Estou lendo um livro ______________________ .

d) Como é ______________________ esta gatinha!

3 Marque com um **X** as frases em que os termos em destaque podem ser substituídos por um adjetivo.

☐ Adoro ficar sob a luz **do Sol**.

☐ Aquela garota tem uma voz **de anjo**.

☐ Sofia adora os animais **do mar**.

☐ Eu adoro bolo **de cenoura**!

- Agora reescreva as frases que você marcou substituindo a locução adjetiva pelo adjetivo correspondente.

____

____

Páginas 126-127 do livro

Adjetivo: grau comparativo

1 Marque com um **X** o grau comparativo de cada frase.

a) Rir é melhor do que chorar.

☐ igualdade ☐ superioridade ☐ inferioridade

b) Minha letra é tão bonita quanto a sua.

☐ igualdade ☐ superioridade ☐ inferioridade

c) Picada de inseto dói menos do que mordida de cachorro.

☐ igualdade ☐ superioridade ☐ inferioridade

2 Complete as frases com adjetivos no grau comparativo indicado em cada quadrinho.

a) Eu sou ______________________ o meu colega. [igualdade]

b) A camisa estava ______________________ o casaco. [superioridade]

c) Tomar água é ______________________ tomar refrigerante. [superioridade]

d) Uma laranja é ______________________ uma melancia. [inferioridade]

3 Escreva frases com o que se pede.

a) Adjetivo **bonito** no grau comparativo de igualdade.

____

____

b) Adjetivo **mau** no grau comparativo de superioridade.

____

____

c) Adjetivo **barato** no grau comparativo de inferioridade.

____

____

Páginas 120-121 e 122-123 do livro

Artigo definido e indefinido / Palavras terminadas em **-ez** e **-eza**

1 Ligue as peças do quebra-cabeça e forme palavras.

estupid	-ez	trist	-eza
rapid	-eza	mol	-ez
escass	-ez	fin	-eza
pobr	-ez	maci	-eza

- Agora escreva as palavras que você formou.

____

____

____

2 Marque **V** para as afirmações verdadeiras e **F** para as falsas.

- [ ] Artigo é uma palavra que acompanha o substantivo.
- [ ] Os artigos concordam apenas em gênero com os substantivos.
- [ ] Os artigos se dividem em dois tipos: definidos e indefinidos.
- [ ] Os artigos definidos indicam seres indeterminados.
- [ ] Os artigos indefinidos são: **um**, **uma**, **uns** e **umas**.

Páginas 142-143 do livro

Palavras com **sc, sç, xc**

1 Complete as palavras com **sc**, **sç** ou **xc**.

a) de_______ida

b) e_______êntrico

c) de_______am

d) fa_______ínio

e) reflore_______am

f) cre_______o

g) sei_______entos

h) na_______a

i) e_______elente

j) e_______eto

k) e_______esso

l) adole_______ente

2 Use algumas palavras da atividade anterior para completar as frases a seguir.

a) Meu irmão já é um ________________________.

b) O ________________________ de doces pode fazer mal à saúde.

c) Quero que as árvores ________________________ logo!

d) Ontem consegui marcar ________________________ pontos.

3 Agora procure outras palavras da atividade 1 no quadro abaixo.

H	J	G	R	D	N	P	Ç	D	A	B	N	S	W	Q
F	R	L	A	E	X	C	Ê	N	T	R	I	C	O	Ç
Y	Ç	N	D	S	F	V	C	H	A	B	M	R	D	F
N	F	A	S	C	Í	N	I	O	K	J	U	E	J	M
K	H	S	V	I	X	Z	F	M	V	Q	H	S	Y	L
R	I	Ç	G	D	S	W	B	U	D	E	S	Ç	A	M
U	P	A	W	A	I	Q	J	K	S	O	L	O	U	P

Páginas 140-141 e 148-149 do livro

Pronomes pessoais e pessoas do discurso / Pronome de tratamento

1 Leia o trecho abaixo:

Larissa encontra Gabriel e pergunta ao amigo:

— Você sabe onde está a Renata? Preciso entregar um livro para ela.

a) Complete a tabela com as informações adequadas.

Quem fala?	Com quem fala?	Sobre quem fala?
__________	__________	__________

b) Os pronomes pessoais que poderiam ser usados para se referir, respectivamente, a Larissa, Gabriel e Renata são: ______, ______ e ______.

2 Marque com um **X** a resposta que traz o pronome de tratamento mais adequado para cada caso.

a) Um paciente conversando com o seu médico:

— ★ já sabe qual é o diagnóstico?

☐ Vossa Excelência

☐ O senhor

☐ Vossa Santidade

b) Um duque cumprimentando uma rainha:

— Como tem passado, ★?

☐ Vossa Majestade

☐ Vossa Alteza

☐ senhora

c) Um pai aconselhando sua filha:

— ★ deveria levar um casaco.

☐ Vossa Senhoria

☐ Senhorita

☐ Você

Lorelyn Medina/Shutterstock

Páginas 160-161 do livro

Verbo: pessoa, número e conjugações

1 Complete as frases com os verbos do quadro abaixo.

sonho	levanta	dançamos	brigam

a) Nós sempre ______________________ às sextas-feiras.

b) Os dois cães ______________________ o tempo todo.

c) Eu ______________________ em ser uma grande astronauta.

d) Você ______________________ cedo todos os dias?

2 Escreva a forma infinitiva dos verbos a seguir.

a) viveu: ______________________

b) estudava: ______________________

c) gritou: ______________________

d) aparecerá: ______________________

e) ganhava: ______________________

f) assistiu: ______________________

g) fazia: ______________________

h) proibiam: ______________________

i) insistiria: ______________________

j) soube: ______________________

3 Agora complete as colunas com o infinitivo dos verbos da atividade anterior.

1ª conjugação (terminação -ar)	2ª conjugação (terminação -er)	3ª conjugação (terminação -ir)
______________	______________	______________
______________	______________	______________
______________	______________	______________
______________	______________	______________

Páginas 162-163 e 170-171do livro

Acentuação de palavras oxítonas e paroxítonas

1 Quando necessário, acentue as palavras oxítonas.

a) gavião d) tamandua g) pincel j) jantar

b) tambem e) armazem h) robo k) voce

c) capaz f) caju i) diretor l) farão

2 Quando necessário, acentue as palavras paroxítonas.

a) sotão d) volei g) heroico j) veneno

b) poste e) noticia h) parede k) jovem

c) alcateia f) armario i) polen l) album

3 Resolva a cruzadinha.

Páginas 172-173 do livro

Palavras homônimas e parônimas

1 Qual é o significado das palavras destacadas em cada uma das frases abaixo?

1 Joaquim adora tomar suco de **laranja**.

2 Gabriela não gostava da blusa **laranja** de seu irmão.

____

____

____

2 As palavras em destaque na atividade anterior são:

☐ parônimas

☐ homônimas

3 Escreva duas frases usando a palavra **banco** com diferentes significados.

____

____

____

____

____

4 Leia as palavras parônimas e escolha a que for adequada para completar as frases. Se precisar, consulte o dicionário.

a) Será que você pode ______________________ as luzes? acender/ascender

b) O ______________________ era seu brinquedo favorito. peão/pião

c) Com o calor, a gente não para de ______________________. soar/suar

d) O arroz está guardado na ______________________. despensa/dispensa

e) As crianças queriam participar do ______________________. coro/couro

Páginas 186-187 do livro

Acentuação de palavras proparoxítonas

1 Complete as colunas com as palavras do quadro.

jantar	príncipe	sábado	pajé	música	dicionário	coragem	
lápis	centopeia	própria	fubá	máximo	capaz	tímido	bambu

Palavras proparoxítonas	Palavras paroxítonas	Palavras oxítonas

2 Todas as palavras proparoxítonas têm uma característica em comum. Qual?

____

3 Encontre seis palavras proparoxítonas no diagrama a seguir:

É	N	M	E	C	Â	N	I	C	O	F	A	T	R	O	V
T	A	R	I	N	F	O	R	M	Á	T	I	C	A	L	A
I	J	R	E	L	Â	M	P	A	G	O	D	O	S	C	Z
C	I	B	V	G	R	A	M	Á	T	I	C	A	M	S	I
A	B	I	A	D	Y	D	A	D	P	T	Í	P	I	C	O

- Agora forme uma frase usando duas das palavras que você encontrou.

____

____

____

Páginas 184-185 e 190-191 do livro

Tempos verbais: presente, passado e futuro / Concordância verbal

1 Marque com um **X** o tempo em que acontece a ação do verbo destacado.

a) Felipe **está** muito animado com seus estudos.

☐ passado ☐ presente ☐ futuro

b) Eu **brinquei** muito nas férias.

☐ passado ☐ presente ☐ futuro

c) Um dia eu **viajarei** para a Dinamarca.

☐ passado ☐ presente ☐ futuro

d) Será que ela **lerá** o livro?

☐ passado ☐ presente ☐ futuro

e) Você **elogiou** o vestido da professora?

☐ passado ☐ presente ☐ futuro

2 Circule, nas frases da atividade anterior, as palavras que concordam com os verbos em destaque.

3 Reescreva as frases abaixo trocando o pronome **eu** pelo pronome **nós** e fazendo as adaptações necessárias.

a) Eu não consigo parar de rir.

____

b) Nesse final de semana eu organizei a biblioteca.

____

____

Estúdio Mil/Arquivo da editora

Páginas 206-207 do livro

Numeral

1 Leia as frases abaixo e classifique os numerais em destaque.

1 cardinal

2 ordinal

3 multiplicativo

4 fracionário

☐ A equipe azul ficou em **segundo** lugar na gincana.

☐ José comeu **metade** da lasanha sozinho.

☐ O preço do caju estava o **triplo** do preço da maçã.

☐ Meu pai tem **três** irmãos mais novos.

☐ Seu nome é o **trigésimo** da lista de espera.

☐ O debate durou o **dobro** do tempo esperado.

☐ Fui a **quingentésima septuagésima quinta**, mas passei na prova!

☐ Amanhã farei **trinta e quatro** anos.

2 Escreva por extenso os numerais abaixo.

a) 2018 → ____________________

b) 20º → ____________________

c) $\frac{1}{3}$ → ____________________

d) 68→ ____________________

e) $\frac{1}{5}$ → ____________________

f) 17º → ____________________

g) 188 → ____________________

h) 100º → ____________________

Páginas 208-209 e 216-217 do livro

Verbos terminados em **-am** e **-ão** / Concordância verbal e nominal

1 Assinale o tempo verbal das palavras em destaque.

a) Eles **enviarão** o pedido?

- [ ] passado
- [ ] futuro

b) Elas **riram** muito da piada.

- [ ] passado
- [ ] futuro

c) Elas **dançarão** a noite toda!

- [ ] passado
- [ ] futuro

d) Eles **buscarão** o pacote na secretaria?

- [ ] passado
- [ ] futuro

e) Eles **voltaram** mais animados da festa.

- [ ] passado
- [ ] futuro

f) Elas **falaram** com o médico.

- [ ] passado
- [ ] futuro

2 Marque com um **X** as frases que apresentam problemas de concordância. Depois, indique se o problema é de concordância verbal ou nominal e corrija as frases, quando necessário.

- [ ] Nós sabe o que é melhor para você.

____

- [ ] Felipe é um garoto espertos.

____

- [ ] Será que nós podemos atravessar?

____

- [ ] A mentira tem perna curta.

____

- [ ] As irmãs estava muito preocupado com o pai.

____

____

Páginas 218-219 do livro

As palavras **onde** e **aonde**

1 Complete as frases com **onde** ou **aonde**.

a) ______________________ eu guardei meus óculos?

b) Nós vamos ______________________ nas próximas férias?

c) Seu celular está ______________________ você deixou.

d) ______________________ seu irmão trabalha?

e) ______________________ você vai com esse bolo de aniversário?

f) Ainda não sei para ______________________ vamos viajar.

2 Escreva uma pergunta usando **onde** ou **aonde**.

a) ____?

— Está estendida no varal.

b) ____?

— Eu vou para Buenos Aires.

c) ____?

— É a segunda loja depois da faixa de pedestres.

d) ____?

— Quero jantar no restaurante de comida árabe.

e) ____?

— Eu estudo na Escola Tarsila do Amaral.

f) ____?

— Eu vou levar o Rex ao veterinário.

Páginas 228-229 do livro

Interjeição

1 Complete os espaços com uma interjeição que indique o sentimento entre parênteses.

a) ______________! Uma abelha me picou! (dor)

b) ______________! As férias estão chegando! (alegria)

c) ______________! Que dia! (alívio)

d) ______________! Estou tentando estudar! (advertência)

2 Marque com um **X** o significado da interjeição destacada nas frases abaixo.

a) **Cuidado**! Os cacos de vidro podem te cortar.

☐ alegria ☐ advertência ☐ alívio

b) **Socorro**! Alguém pode me ajudar?

☐ dor ☐ medo ☐ admiração

c) **Puxa**! Como ele cresceu!

☐ raiva ☐ pena ☐ surpresa

3 Observe as imagens a seguir e escreva uma frase para cada uma delas usando uma interjeição.

Corbis/Keystone

Ela descobriu que o peixe está estragado.

Monkey Business Images/Shutterstock

Ele tropeçou e caiu.

____

____

Páginas 230-231 do livro

Em cima, embaixo, em frente, de repente, por isso

1 Marque com um **X** a afirmação incorreta.

- [ ] As expressões **em cima**, **embaixo** e **em frente** indicam posição de um ser ou objeto em relação a outro.
- [ ] A expressão **de repente** indica que algo foi feito ou que aconteceu de maneira inesperada.
- [ ] A expressão **por isso** não retoma algo que já foi dito, ela apenas justifica algo que ainda vai ser dito.

2 Complete as frases com as palavras do quadro abaixo.

em cima	embaixo	em frente	de repente	por isso

a) Meu relógio não despertou, ____________________ cheguei atrasado.

b) A padaria fica ____________________ ao banco.

c) Ele colocou as caixas ____________________ do guarda-roupa.

d) O cachorro se escondeu ____________________ da cama.

e) Estava fazendo muito calor e ____________________ ficou frio.

3 Escreva frases usando as expressões **por isso**, **de repente** ou **em frente**.

a) ____

____

b) ____

____

c) ____

____

Páginas 236-237 do livro

Acento tônico e acento gráfico

1 Leia e acentue, caso necessário, as palavras abaixo.

a) picole
b) cabelo
c) sabado
d) relampago
e) parabolica
f) cristal
g) Venus
h) engraçado
i) orfão
j) hipopotamo
k) luar
l) Piauı

2 Complete as colunas com as palavras da atividade anterior.

Proparoxítona	Paroxítona	Oxítona
__________	__________	__________
__________	__________	__________
__________	__________	__________
__________	__________	__________

3 Insira adequadamente os acentos agudo ´ ou circunflexo ^ nas palavras abaixo e descubra novas palavras.

a) sabia: ____________________

b) metro: ____________________

c) secretaria: ____________________

d) pais: ____________________

e) camelo: ____________________

f) pode: ____________________

Páginas 238-239 do livro

Classificação das palavras

1 Marque com um **X** a classificação das palavras em destaque.

a) **Puxa**! Como você está bem!

☐ interjeição ☐ numeral ☐ substantivo

b) Ele não sabe quem o **convidou**.

☐ verbo ☐ adjetivo ☐ pronome

c) **Eu** não estou sabendo de nada.

☐ pronome ☐ verbo ☐ numeral

d) Que **fineza** tem a mãe de Bianca.

☐ artigo ☐ adjetivo ☐ substantivo

2 Relacione as frases aos quadros. Para isso, pinte a letra que corresponde a cada frase. Depois, distribua as palavras de cada frase nas colunas adequadas. Veja o modelo.

a) Eu comprei uma mochila nova.

b) Nossa! Você é uma menina esperta.

c) Ele tem dois irmãos.

d) Leve uma blusa colorida.

	Interjeição	Pronome	Verbo	Artigo	Substantivo	Adjetivo
a) b) c) d)	Nossa!	Você	é	uma	menina	esperta.

	Pronome	Verbo	Numeral	Substantivo
a) b) c) d)				

	Pronome	Verbo	Artigo	Substantivo	Adjetivo
a) b) c) d)					

	Verbo	Artigo	Substantivo	Adjetivo
a) b) c) d)				

Páginas 246-247 do livro

Adjetivo: grau superlativo

1 Complete as colunas com as palavras que estão faltando.

Adjetivo no grau normal	Adjetivo no grau superlativo
agitado	____________
belo	____________
____________	horribilíssimo
quente	____________
____________	velocíssimo

2 Agora escolha três adjetivos no grau superlativo da atividade anterior e escreva uma frase com cada um deles.

____

____

____

____

____

3 Complete as frases com as palavras do quadro abaixo.

agradabilíssima	muito	sensibilíssimo	bastante

a) Meu pai é mais que sensível: é ____________________!

b) Ele é ____________________ esforçado.

c) Beatriz é ____________________ vaidosa.

d) Hoje a tarde está ____________________.

Páginas 248-249 do livro

Uso de **mas** e **mais**

1 Complete as frases com **mas** ou **mais**.

a) Você pode colocar ______________ açúcar no café, por favor?

b) Ele está cansado, ______________ vai nos acompanhar.

c) Quem ______________ irá no nosso ônibus na excursão?

d) Estava chovendo, ______________ ele não está molhado.

e) Estou com sono, ______________ preciso ir trabalhar.

f) Você comprou ______________ livros?

g) Que filme ______________ engraçado!

h) Eles vão viajar, ______________ ainda não sabem para onde.

i) Eu pedi ______________ um pedaço, ______________ o bolo já havia acabado.

j) Eu tentei ajudar, ______________ ninguém quis saber de ______________ nada.

2 Escreva nas linhas abaixo duas frases com a palavra **mas** e outras duas com a palavra **mais**.

____

____

____

____

____

____

____

Páginas 252-253 do livro

Variações linguísticas

1 Marque com um **X** o sinônimo da palavra em destaque. Se necessário, faça uma pesquisa antes de responder às questões.

a) Corri muito, mas acabei perdendo o **busão**.

☐ trem ☐ ônibus ☐ horário

b) Gabriel é um **guri** muito esperto.

☐ menino ☐ homem ☐ aluno

c) Sua avó mandou um **cheiro** para vocês.

☐ bolo ☐ conselho ☐ beijo

d) Foi só falar em banho e eles **picaram a mula**.

☐ fugiram ☐ dormiram ☐ comemoraram

2 Escreva uma frase com uma palavra, expressão ou gíria típica da região em que você vive.

____

____

____

____

____

3 Agora imagine que você precisa explicar a palavra, expressão ou gíria que utilizou na atividade anterior para alguém que vive em outra região. Que explicação você daria?

____

____

____

____